Claudia Matuschek

Outsourcing in der IT

Wirtschaftlichkeit, Umsetzung und Aufbau von Shared Service Centern

Matuschek, Claudia: Outsourcing in der IT. Wirtschaftlichkeit, Umsetzung und Aufbau von Shared Service Centern, Hamburg, Igel Verlag RWS 2014

Buch-ISBN: 978-3-95485-170-6
PDF-eBook-ISBN: 978-3-95485-670-1
Druck/Herstellung: Igel Verlag RWS, Hamburg, 2014

Bibliografische Information der Deutschen Nationalbibliothek:
Die Deutsche Nationalbibliothek verzeichnet diese Publikation in der Deutschen Nationalbibliografie; detaillierte bibliografische Daten sind im Internet über http://dnb.d-nb.de abrufbar.

© Igel Verlag RWS, Imprint der Diplomica Verlag GmbH
Hermannstal 119k, 22119 Hamburg
http://www.diplomica.de, Hamburg 2014
Printed in Germany

I. Inhaltsverzeichnis

II. Abkürzungsverzeichnis

BPO	Business Process Outsourcing
CAB	Change Advisory Board
CC	Cost Center
CCTA	Central Computer & Telecommunications Agency
CI	Configuration Item
CMDB	Configuration-Management-Database
GmbH	Gesellschaft mit beschränkter Haftung
IT	Informationstechnologie
ITIL	Information Technology Infrastructure Library
PKR	Prozesskostenrechnung
RFC	Request for Change
RFI	Request for Information
RFP	Request for Proposal
SLA	Service Level Agreement
SPOC	Single Point of Contact
SSC	Shared Service Center
SW	Software
UHD	User Help Desk

III. Abbildungsverzeichnis

1 Einleitung

Der zunehmende Wettbewerbsdruck und enorm gestiegene Anforderungen im Hinblick auf Flexibilität, Reaktionsschnelligkeit, Qualität und Kundenorientierung sowie die Notwendigkeit der wettbewerbsfähigen Präsenz auf internationalen Märkten bedingen einen reibungslos funktionierenden Einsatz von Informationstechnologie (IT) und Informationssystemen.

Der Markt für IT-Beratung und IT-Dienstleistungen in Deutschland ist ein Milliarden-Euro-Markt. Unternehmen sind sehr stark von ihrer IT abhängig. Fast alle Geschäftsprozesse in den Unternehmen werden heute von der IT gesteuert, beeinflusst oder überwacht.

In den letzten Jahren hat sich der Markt für IT-Beratung und Systemintegration jedoch enorm gewandelt: Aus einem Anbietermarkt wurde ein Käufermarkt. Durch Globalisierung getrieben wurden auch die IT-Anforderungen von Konzernen immer internationaler.

Um diesen Anforderungen gerecht zu werden, werden Einsparungs- und Verbesserungspotenziale im IT-Bereich notwendig. Nachdem alle firmeninternen strukturellen Verbesserungen ausgeschöpft sind, könnte das Outsourcing von Geschäftsprozessen eine Möglichkeit sein, Kosten zu reduzieren.

Im Sinne eines effektiven Kosten-/ Nutzen-Verhältnisses ist zu klären, ob Prozesse einzeln oder gemeinsam ausgegliedert werden sollten, dadurch könnten Prozesskosten eingespart und Qualität gesteigert werden. Hier besteht z.B. die Möglichkeit Shared Service Center einzurichten.

Shared Service Center gehören seit einigen Jahren zu den wichtigsten Modellen, um insbesondere die Service-Prozesse im Finanz-, Personal- und IT-Bereich effizienter und damit kostengünstiger zu gestalten. Großkonzerne wie Siemens und Lufthansa haben bereits erfolgreich Shared Services weltweit implementiert. Auch der gehobene Mittelstand zeigt großes Interesse am Einsatz von Shared Services, allerdings eignet sich dieses Kon-

zept nur bedingt für den Mittelstand und es müssen bestimmte Voraussetzungen erfüllt sein.

Ziel dieser Arbeit ist es, diese Voraussetzungen herauszuarbeiten und eine
Vorgehensweise zu entwickeln, welche auf der einen Seite die Effizienz-
verbesserungen durch Shared Service Center darstellt sowie auf der anderen Seite die Methoden, Prozesse und Verfahren für den Einsatz von Shared Services abbildet. So kann eine Aussage über den Einsatz von Shared
Services getroffen und eine Prognose über die Entwicklungen auf dem
deutschen und internationalen Markt gemacht werden.

2 Grundlagen

2.1 Historische Entwicklung des Outsourcings

Ludwig XIV. (1643-1715) führte erstmalig im größeren Maße in den Manu-
fakturen und auf Anweisung seines Finanzministers Colbert die Arbeitsteilung als ersten Schritt in Richtung Outsourcing ein.[1]

Die theoretische Grundlage des Outsourcing bildete allerdings Adam Smith,
der im 18. Jahrhundert durch den Einsatz von Mitarbeitern in den Bereichen, in welchen sie das größte Können aufweisen, den gesellschaftlichen
Wohlstand und volkswirtschaftliches Wachstum förderte. Adam Smith präg-
te das Beispiel der Stecknadelmanufaktur, indem er berechnete, dass ein
Arbeiter allein weniger als 20 Stecknadeln herstellen könne, zehn Arbeiter
aber, bei Spezialisierung auf einzelne Arbeitsschritte, etwa 48.000 Nadeln
herstellen könnten.

„Die Arbeitsteilung dürfte die produktiven Kräfte der Arbeit mehr als alles
andere fördern und verbessern. Das gleicht gilt wohl für die Geschicklich-
keit, Sachkenntnis und Erfahrung, mit der sie überall eingesetzt oder ver-
richtet wird"[2].

---

[1] © 2006 Gartner, Inc. and/or its Affiliates.
[2] „Der Wohlstand der Nationen" Adam Smith, 1776

Die Erhöhung der Produktivität durch Aufteilung der Fertigung in einzelne Prozessschritte war also bereits im 18. Jahrhundert bekannt. Outsourcing geht dabei noch einen Schritt weiter und besagt, dass die arbeitsteiligen Leistungen nicht von gleichen Unternehmen erbracht werden müssen, sondern auch von Dienstleistern erbracht werden können.

Henry Ford entwickelte diese Idee durch Einführung des Fließbandes weiter. Durch gleichzeitigen Einsatz von Fließfertigung und Arbeitsteilung wurden die Tätigkeiten hoch standardisiert, in vorgegebenen Zeiträumen und von spezialisierten Arbeitern durchgeführt. Hierdurch wurde bei niedrigeren Kosten eine höhere Qualität erreicht.

Mit der fortschreitenden Industrialisierung und der Entwicklung der Unternehmen ergab sich immer mehr die Notwendigkeit, neben der Herstellung des eigentlichen Produktes, weitere Abteilungen und Verwaltungseinheiten aufzubauen. In den 80er und frühen 90er Jahren, entwickelte sich außerdem der Trend das Produktportfolio immer breiter auszurichten um eventuelle Ausfälle in einzelnen Geschäftsbereichen auszugleichen. Bei diesen Nicht-Kernkompetenzen der Unternehmen sind eine Spezialisierung und vor allem ein Mithalten der ständigen Weiterentwicklung sehr schwierig. Somit kehrte der Trend Mitte der 90er Jahr wieder um und die Unternehmen beschränkten sich wieder mehr auf ihre Kernkompetenzen. Dies geschieht zunehmend dadurch, dass Nicht-Kernprozesse ausgegliedert werden. Dies erfolgte zunächst meist im IT-Bereich, bei welchen ein Mithalten bei der schnellen Entwicklung für die Unternehmen schwierig wurde. Es folgte das Outsourcing von kaufmännischen Funktionen und Prozessen, für das sich mittlerweile der Begriff „Business Process Outsouring" (BPO) fest etabliert hat.

In den 1980ern:
- Dezentralisierung der Geschäftseinheiten
- Verschlankung

Nachteilige Entwicklung:
- Errichtung autonomer „Fürstentümer"
- Redundanzen in Prozessen

Shared Services:
- Verbindung der jeweiligen Vorteile von Zentralisierung und Dezentralisierung
- Nutzung von Synergien

Abbildung 1: Organisationsformen (Quelle: http://www.bearingpoint.de)

Sämtliche Marktforschungsinstitute prognostizieren für Europa – mit der üblichen Verzögerung von zwei bis drei Jahren – eine zunehmende Bedeutung des Outsourcings: „Like a lot of US trends, we expect this one [...] to cross the Atlantic sooner rather than later"[3]. Dabei gehen die Marktwachstumsprognosen für die nächsten Jahre von mindestens 30% aus. [4]

Mittlerweile hat sich Business Process Outsourcing als Management-Tool vor allem in den Köpfen der Führungskräfte deutscher Unternehmen als „Business as usually" etabliert.

2.2 Formen des Outsourcings

„Das aus der amerikanischen Managementpraxis stammende Kunstwort Outsourcing besteht aus den Worten outside, resource und using. Neuerdings ist das Wort Outsourcing aber auch fester Bestandteil der deutschen Sprache geworden."[5] Die damit verbundene Frage „Kaufen oder selber machen" („make or buy") beschäftigt viele Unternehmen nicht erst seit heute.

---

[3] *Morgan Chambers plc. (Hrsg.): Outsourcing in the FTSE 100.* The definite Study, 2001, Episode One, S.7
[4] www.*ecg-consulting.com/veroeffentlichungen.thm*
[5] Handbuch IT-Outsourcing, Thomas Söbbing, 3. Auflage 2005

Zunächst sollte geprüft werden ob der Prozess zu den strategischen Kern-kompetenzen des Unternehmens gehört: Wenn das mit einem Prozess verbundene Know-how wesentlich für die eigene Wettbewerbsfähigkeit bzw. für das eigene Marktangebot ist, kommt eine Auslagerung nicht in Frage. Üblicherweise wird ein Prozess dann als outsourcing-geeignet an-gesehen, wenn es sich um so genannte „non-core functions" handelt. Ge-meint sind die Prozesse, die nicht zum Kerngeschäft des Unternehmens gehören.

Weiterhin sollte der Prozess standardisierbar sein. Zeichnet sich ein Pro-zess immer wieder durch Besonderheiten aus, so besteht die Gefahr, dass die Kosten für Überwachung, Schnittstellengespräche usw. die tendenziell günstige Kostenstruktur eines Dienstleisters überkompensieren.

Ein weiterer Punkt, welcher vor Auslagerung geprüft werden sollte ist, ob der Prozess intern qualitativ besser erbracht werden kann. Zunächst spre-chen die Branchenkenntnis sowie die detaillierte Kenntnis der Abläufe in einem Unternehmen gegen eine externe Lösung. Dagegen verfügt ein ex-terner Dienstleister über mehr übergreifendes und spezielles Wissen, sowie über eine höhere Mitarbeiterzahl, die es ermöglicht zur schnellen Lösung eines Problems kurzfristig mehr Mitarbeiter und Spezialisten einzusetzen. Weiterhin ist davon auszugehen, dass die Dienstleistungs- und Serviceori-entierung eines externen Dienstleister in den meisten Fällen höher ist, als die einer internen Abteilung. Die Möglichkeit einer Organisation als Profit-Center spricht hier eindeutig für eine externe Lösung.

Die Entwicklung des Outsourcing-Marktes in den letzten Jahren zeigt die verschiedensten Formen, die sich durch Art der Zusammenarbeit zwischen dem auslagerndem Unternehmen und dem Outsourcing-Dienstleister sowie durch den Grad der Wertschöpfungsorientierung bzw. –tiefe abgrenzen lassen.

Auf Basis der genannten zwei Dimensionen lassen sich zunächst drei Typen des Outsourcings unterscheiden:

2.2.1 Transaktionales Outsourcing (Processing Services)

Diese Form findet sich überall dort, wo hochstandardisierte Transaktionen in einer sehr großen Zahl abgewickelt werden. Die Abläufe sind oftmals über mehrere Branchen hinweg bzw. innerhalb einer Branche sehr ähnlich. Diese Form des Outsourcings findet sich z.B. in der Kreditkartenabrechnung wieder. Die entstehenden Kosten für diesen Service werden auf Basis der Transaktionsmengen abgerechnet. Da diese in immer höherer Anzahl von dem Dienstleister angeboten werden können, ergeben sich somit niedrige Stückkosten. Da es sich um gleichartige Prozesse für mehrere Branchen handelt kann der Kosteneffekt für die hohe Anzahl genutzt werden. Bei den Processing Services ist nicht in jedem Falle ein Transfer von Mitarbeitern und Infrastrukturkomponenten erforderlich, besonders dann nicht, wenn die Lösungen neu aufgesetzt werden.

2.2.2 Applikations-Outsourcing

Im Applikations-Outsourcing werden Anwendungsprogramme als Dienstleistung angeboten, die jedoch nicht an den Kunden verkauft und von ihm installiert werden müssen. Vielmehr betreibt der Dienstleister die betreffende Software auf seinen eigenen Servern und der Kunde kann über geschützte Verbindungen via Internet darauf zugreifen. Anstatt also die Lizenz für die Benutzung eines Programms selbst zu erwerben, mietet der Kunde für einen bestimmten Zeitraum das Programm sowie die Netzanbindung vom Dienstleister. Die Bezahlung erfolgt entweder nach tatsächlicher Nutzungsdauer oder für einen bestimmten Zeitraum.

Das Applikations-Outsourcing wird häufig mit dem Betrieb von ERP-Plattformen wie z.B. SAP-R/3 verknüpft. Der Dienstleister ist in diesem

Fall für die gesamte Anwendungsplattform inklusive Hardware, Netzwerk, Systembetrieb und Applikationsbetreuung zuständig. Natürlich lassen sich die durch die Software unterstützten Prozesse nicht vollständig von der Applikation trennen. Aus diesem Grund liegt der Übergang zu Business Process Outsourcing nahe.

Die Angst vor Kontrollverlust kann heute als rein subjektiv bewertet werden. Moderne Outsourcing-Lösungen ermöglichen permanente Aktualität, so dass der Kunde beispielsweise im Kreditorenmanagement online erkennen kann, ob eine bestimmte Rechnung gebucht und/oder zur Zahlung freigegeben wurde. Neben diesem Lesezugriff hat der Kunde auch die Möglichkeit bestimmte Geschäftsvorfälle und Abschlussbuchungen selbst vorzunehmen. Wie aus Abbildung 2 hervorgeht, kann je nach Präferenz zwischen zwei Optionen gewählt werden:

Option 1

⇨ komplexes, hoch integriertes System ist schwer abzulösen
⇨ Dienstleister ist remote mit dem ERP-System verbunden
⇨ Dienstleister sorgt für die Prozesse (gesamt oder Teile)
⇨ Kunde hat alle Daten online in seinem System zur Verfügung

Option 2

⇨ Kunde verfügt softwareseitig über „Freiheitsgrade"
⇨ Kunde ist remote verbunden (kann also „lesen und buchen")
⇨ Dienstleister sorgt für die Prozesse (gesamt oder Teile)
⇨ Kunde hat Daten online zur Verfügung

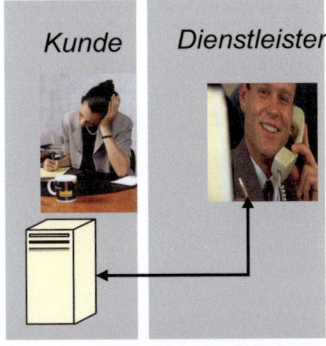

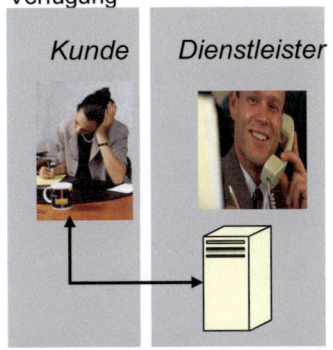

Abbildung 2: IT-Outsourcing (Quelle: Wullenkord, Business Process Outsourcing)

- Bei Option 1 beispielsweise wird das ERP-System unverändert genutzt. Gerade integrierte Systeme wie z.B. SAP R/3 sind mit einem erheblichen Ressourceneinsatz eingeführt worden, so dass eine Ablösung nicht sinnvoll ist.

- Option 2 hingegen ist dann sinnvoll, wenn das auslagernde Unternehmen gleichzeitig auch über Freiheitsgrade bezüglich der Hard- und Softwareausstattung verfügt. Hier liegt dann gewissermaßen spiegelbildlich der andere Fall vor. Das Unternehmen nutzt remote eine ausgelagerte IT-Lösung.

Bezüglich dieser beiden Optionen existieren natürlich, insbesondere hinsichtlich der Umsetzung, Detailvarianten. [6]

2.2.3 Business Process Outsourcing

Ergänzend zum Applikations-Outsourcing kann das Business Process Outsourcing mehrere Applikationen umfassen und betrifft neben IT-bezogenen Prozessen auch solche, die nicht oder nur sehr wenig von Computern unterstützt werden. Die Ausgestaltung im technischen wie auch im prozessualen Sinn liegt in der Hand des Dienstleisters. Es ergibt sich für den Dienstleister die Möglichkeit die übernommenen Prozesse durch das Know-how der Mitarbeiter und Schnittstellenmanagement für mehrere Kunden zu standardisieren und zu verbessern.

Unternehmen führen bereits seit vielen Jahren Business Process Outsourcing durch, ohne den Begriff bewusst zu verwenden. Dienstleistungen wie Reinigung, Kantinenbetrieb, Wach- und Sicherheitsdienst, Reisebuchungen oder Lohn- und Gehaltsabrechnungen werden seit langem von spezialisierten Dienstleistern angeboten.

---

[6] www.business-wissen.de vom 04.09.2006

„Business Process Outsourcing lässt sich durch drei Kriterien beschreiben:

1. Übernahme von Verantwortung durch den Dienstleister,

2. lang laufende vertragliche Vereinbarung (drei bis zehn Jahre, teilweise auch länger) und

3. Übernahme von Mitarbeitern und Vermögenswerten (z.B. Infrastruktur) durch den Dienstleister"[7]

Business Process Outsourcing macht für Kundenunternehmen nur dann Sinn, wenn sie entweder „bessere" Prozesse zu gleichen Kosten, unveränderte Prozesse zu geringeren Kosten oder sogar „bessere" Prozess zu geringeren Kosten von einem Dienstleister angeboten bekommen. Die Realisierung der „besseren" Prozesse kann nur durch Mengeneffekte, Spezialisierung, Prozess-Reengineering und – Standardisierung, globales Sourcing, Risikomanagement und intelligente Nutzung von Wettbewerbsdruck erfolgen.

3 Wirtschaftlichkeitspotenziale des Outsourcings

3.1 Monetäre Kriterien

Die direkt messbaren monetären Effekte zeigen auf, warum, in welcher Form und in welchem Zeitraum ein Unternehmen durch Outsourcing seine Kosten reduzieren kann. Die Chance zur Kostensenkung bildet häufig den Hauptantrieb für die Auslagerung und somit oft zur Bildung eines Shared Service Centers, welches Konzept im folgendem im Detail erklärt wird. Wenn zur Konzeption der Shared Service Center gewechselt werden soll, ist es wichtig, spezifische Kostenelemente abzuteilen, um dann bei Einführung, Veränderungen in der Kostenstruktur sichtbar zu machen. Anfängliche Kosteneinsparungen belaufen sich meist schon auf 20-30%, nur her-

---

[7] Zitat:. Seite 2, Business Process Outsourcing, Jörg Dittrich und Marc Braun

vorgerufen durch den Abbau redundanter Tätigkeiten und die Verbesserung der Infrastruktur.[8]

3.1.1 Mengeneffekte (economies of scale)

Durch Auslagerung zu einem externen Dienstleister erhoffen sich viele Unternehmen ein höheres Mengenvolumen, um die Stückkosten senken zu können. Nicht nur deshalb ist Outsourcing für Unternehmen interessant. Die so erzielten Skalenerträge (economies of scale) beziehen sich zum einen auf die Bündelungseffekte (z.B. durch Nutzung der gemeinsamen Einkaufsmacht von Dienstleister und Unternehmen), zum anderen auf eine stärkere Auslastung bzw. gemeinsame Nutzung von Ressourcen und Infrastrukturen wie dies bei Shared Service Centern der Fall ist.

In Abbildung 3: Stückkostendegression (eigene Darstellung) wird aufgezeigt, wie sich in einem solchen Fall das Verhältnis von Kosten zu Volumen, bzw. zur Auslastung verhält.

Diese Effizienzsteigerung beruht auf dem in der Fertigung anerkannten Konzept der Kostenerfahrungskurve, wonach die Fertigungszeiten, und eng damit gekoppelt die Fertigungslöhne pro produzierter Einheit, mit zunehmender Stückzahl abnehmen.[9]

Die Existenz solcher Erfahrungskurven wurde in umfangreichen Studien für die unterschiedlichsten Produkte und Branchen durch die *Boston Consulting Group* nachgewiesen. Das zentrale Ergebnis lautet dabei: Die auf den Wertschöpfungsanteil bezogenen Stückkosten gehen potenziell um 20 bis 30% zurück, wenn die kumulierten Produktionsmengen verdoppelt werden.[10]

---

[8] *Oracle,* Seite 6
[9] Diese Beobachtung wurde erstmalig 1925 von Wright bei der Produktion von Flugzeugen gemacht und 1936 publiziert
[10] Vgl. *Hendersen, Bruce:* Die Erfahrungskurve in der Unternehmensstrategie, Frankfurt-New York, 1974

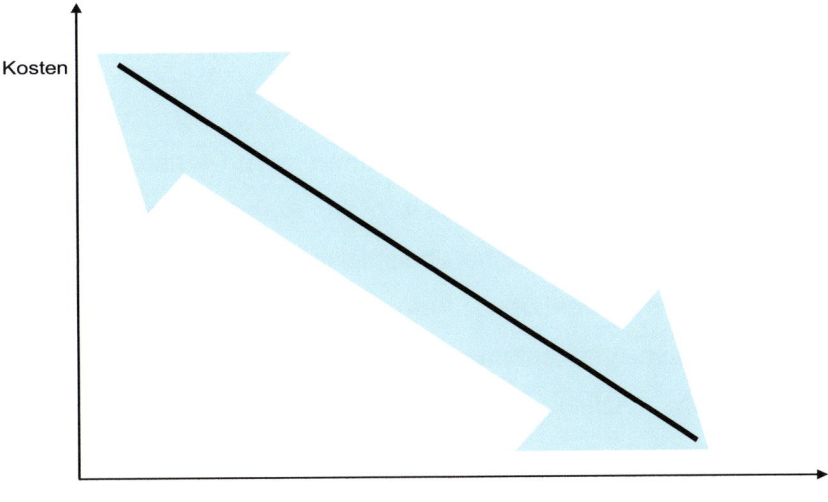

Abbildung 3: Stückkostendegression (eigene Darstellung)

Dieses Konzept kann auf alle Bereiche übertragen werden. Auch kleine und mittelständische Unternehmen, denen häufig die kritische Masse fehlt, um eine Ausgliederung wirtschaftlich interessant zu machen, können diese Potenziale realisieren, indem sie sich mit mehreren Unternehmen zusammenschließen.

3.1.2 Verbundeffekte (economies of scope)

Wie bereits in Kapitel 2.2 beschrieben, kann das Kriterium der Standardisierbarkeit als Vorraussetzung für das Kostenkriterium angesehen werden. Ohne Standardisierbarkeit wird es kaum möglich sein, die Kosten durch Outsourcing zu reduzieren.

Verbundeffekte liegen vor allem dann vor, wenn mehrere Geschäftsprozesse ausgelagert werden können, da sich hierdurch die Anzahl von fehlerträchtigen Schnittstellen zwischen dem Unternehmen und dem Dienstleister verringert. Können zusätzlich diese Einzelprozesse in einem homogenen IT-System - wie z.B. in Shared Service Centern - betrieben werden, so verringern sich parallel zu der Anzahl der Medien die Durchlaufzeiten der Prozesse. Hierzu ist die Kenntnis des Gesamtprozess durch den Dienstleister unbedingt notwendig. Im Idealfall kontrolliert der Dienstleister den Gesamtprozess, um diesen weiter optimieren zu können.

Diese Spezialisierungsvorteile führen beim Dienstleister wiederum zu „Best Practises", welche sich in der Aufbau- und Ablauforganisation widerspielgeln. So können beispielsweise ein standardisiertes Reporting, Prozess-Monitoring, Automatisierung, Nutzung innovativer Data-Warehouse-Architekturen und die Kenntnis über den Benchmark der Branche nützlich für das outsourcende Unternehmen und den Dienstleister sein.

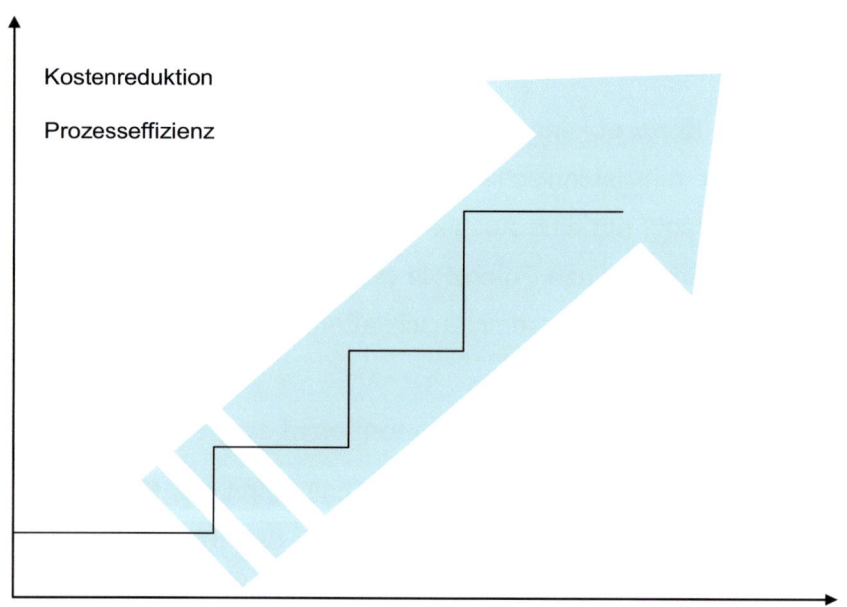

Abbildung 4: Kostenreduktion durch Best Practices (eigene Darstellung)

Im gezeigten Beispiel in Abbildung 4: Kostenreduktion durch Best Practices (eigene Darstellung) ist der Kostenverlauf Sprungfix, da jede neue Maßnahme die Effizienz schrittweise verbessern kann.

3.2 Nicht-monetäre Entscheidungskriterien

Die Wirtschaftlichkeitspotenziale lassen sich nicht allein auf der Kostenseite, sondern insbesondere auch auf Zielgrößen wie „Prozessoptimierung" oder die „Risikominimierung" beziehen. Diese lassen jedoch nur qualitative Aussagen zu und ihre Effekte zeigen sich erst mit größerem zeitlichen Verzug. Die Messbarkeit wird somit erschwert.

3.2.1 Prozessoptimierung und -standardisierung

Neben der Standardisierung, Bündelung und Auslagerung der Geschäftsprozesse, werden diese auch gleichzeitig neu strukturiert. Auftraggeber und Dienstleister arbeiten gemeinsam daran, Abläufe zu optimieren.

Für den Dienstleister ist es von besonderer Wichtigkeit Prozessschritte so zu optimieren, dass sie für andere auslagernde Unternehmen gleichartig verwendet werden können. Der Vorteil liegt hier auch in der gleichzeitigen Verwendung von Soft- und Hardware für mehrere Unternehmen, denn vor allem in diesem Bereich kann der Dienstleister diese kostengünstiger zur Verfügung stellen als der Unternehmer sie einzeln beziehen kann.

Ziel ist es die so genannte „Process Complience" zu erreichen. Process Complience bedeutet hier soviel wie Prozesstreue. Man versucht die Vorgaben der Sollprozesse einzuhalten und diesen „treu" zu bleiben. Ohne die Einhaltung und ein begleitendes Monitoring gehen die gewonnen Wirtschaftlichkeitspotenziale oftmals wieder verloren.[11]

---

[11] www.business-wissen.de vom 04.09.2006

3.2.2 Risikominimierung

Tragen die Prozesse eines Unternehmens ein hohes operationales Risiko oder werden sie nicht optimal vom Unternehmen beherrscht, bietet sich Outsouring als Lösungsalternative an.

Die steigenden Anforderungen an die Verfügbarkeit, Antwortzeiten, Berechtigungskonzepte oder die Datensicherheit von Geschäftsprozessen fordern die Übernahme durch Spezialisten. Prozesse die immer schwerer und teurer werden können von diesen Spezialisten übernommen werden, welche zusätzlich durch Service Level Agreements eine zeitnahe und qualitätsnahe Versorgung garantieren.

Die Risikominimierung ist für ein Unternehmen oftmals der Hauptgrund für die Auslagerung von Prozessen. Die monetäre Bedeutung ist allerdings dann bedeutend, wenn der Risikotransfer beim auslagernden Unternehmen oder beim Dienstleister nicht erfolgreich verläuft. Der Transfer von Prozessen ist mit einem hohen Implementierungsrisiko verbunden wenn zu viele Risiken auf den Service Provider übertragen werden.

Die Verträge sollten so gestaltet werden, dass alle erdenklichen Fälle abgedeckt werden und somit eine „Win-Win-Situation" entsteht. Diese entsteht allerdings bereits durch die vorliegende Prozesserfahrung beim Service Provider.

Die Risikoübertragung durch das Unternehmen kann der Service Provider im Idealfall nutzen um sein Gesamtrisiko und seine risikoadjustierten Grenzkosten weiter zu senken. Diese ergeben sich aus der Division des Risikos durch die Kosten und können dem Service Provider intern als Vergleichs- oder Zielkriterium dienen.

4 Shared Service Center im IT Bereich

4.1 Die Organisation und der Standort

Die großen internationalen Konzerne haben erkannt, dass einige Bereiche Rationalisierungspotential bieten. In Zentralabteilungen wurden kaufmännische Prozesse zusammengefasst, wodurch es erste Produktivitätssteigerungen gab.

Trotz dieser Produktivitätssteigerungen arbeiten diese Zentralabteilungen meistens eher angebots-, als kundenorientiert und tragen somit in den meisten Fällen kaum Verantwortung für Kosten und Qualität. Die logische Weiterentwicklung war bzw. ist die Errichtung von so genannten Shared Service Centern (SSC), häufig auch als (konzern-)internes Outsourcing bezeichnet.

Das Konzept des SSC's basiert auf dem Ansatz, gleiche Prozesse aus Servicebereichen mehrerer Geschäftseinheiten in einem selbständigen Verantwortungsbereich, dem SSC zusammenzufassen. SSC's sind "Organisationseinheiten, die interne Dienstleistungen zur gemeinsamen Nutzung von Ressourcen innerhalb eines Konzerns bereitstellten"[12]

Es geht somit darum, die vielen redundanten Funktionen, die durch jeweils eigene Stabsstellen entstehen, zu eliminieren und eine gemeinsame Unterstützungsfunktion zu konstituieren. Diese verkaufen die angeforderten Leistungen und das benötigte Fachwissen zentral an alle Abnehmer gegen Bezahlung der real entstandenen Kosten. Dabei unterstützt das SSC, eigenverantwortlich und selbständig, die Unternehmensspitze bei ihrer Steuerungs- und die einzelnen Funktionsbereiche bei ihren operativen Aufgaben. SSC, die marktfähige Leistungen erbringen, können weiterhin auch nach außen wie ein eigenständiger Geschäftsbereich auftreten und Unternehmensexternen ihre Leistungen anbieten. Wenn Kunden- und Serviceorientierung erhöht werden kann, kann das SSC neue Märkte eröffnen.

---

[12] Kagelmann, U. (2001): Shared Services als alternative Organisationsform, S.50

Die Ermittlung eines kostenoptimalen Standorts realisiert weitere Kosten-vorteile. Die Bereitstellung von Büroflächen und vor allem Personalkosten sind die wichtigsten Entscheidungskriterien für die Wahl des Standorts. Nicht nur nationale, sondern auch internationale Unterschiede sind aus-schlaggebend. Wobei bei der Wahl eines Standorts im Ausland die Kom-munikation (Sprache, Kultur) und die physische Erreichbarkeit in Problemsi-tuationen eine erhebliche Rolle spielen.

Auslagerungen in weit entfernte Niedriglohnländer werden als „Offshore Outsourcing" bezeichnet. Demgegenüber stehen Konzepte, die eine mög-lichst ideale, kostengünstige globale Verteilung der Ressourcen anstreben. Diese Ansätze lassen sich als „Bestshore Outsourcing" bezeichnen. Dabei kommt vor allem die bereits genannte problemlose Kommunikation durch ausreichende sprachliche und kulturelle Kenntnisse und die Möglichkeit zur physischen Erreichbarkeit zum Tragen. Weiterhin sollte im Sinne des Bestshore-Outsourcings beachtet werden, dass das gleiche fachliche Qual-ifikationsniveau verfügbar ist. Direkte Auswirkungen im Sinne von negati-ven Imageeffekten, Sicherheitsrestriktionen oder mangelhaften Verfügbar-keiten sind zu bedenken.

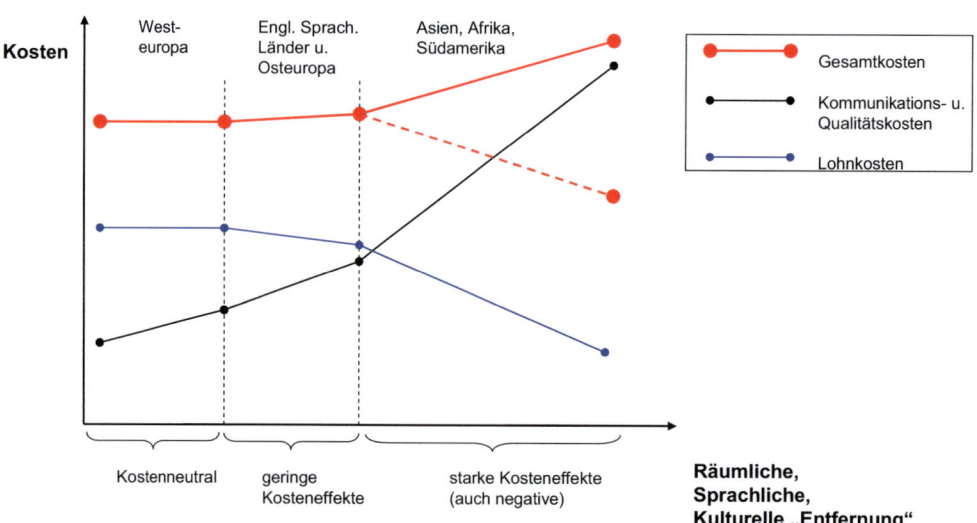

Abbildung 5: Kostenvergleich von Outsourcing Lokationen (Quelle: Wullenkord, Business Process Outsourcing)

Wie in Abbildung 5: Kostenvergleich von Outsourcing Lokationen dargestellt, sollten kommunikationsintensive Prozesse nicht global ausgelagert
werden. Die prinzipiellen Verläufe weisen für unterschiedliche Weltregionen
andere Steigungen auf. So erhöhen sich beispielsweise die Kommunikati-
ons- und Qualitätskosten bei Auslagerungen innerhalb Westeuropas oder
in englischsprachige Regionen (USA, Kanada, Neuseeland, Australien) und
Osteuropa nur geringfügig. Gleichzeitig sind die Vorteile durch verringerte
Lohnkosten jedoch ebenfalls begrenzt. Die Schere geht erst bei der Verlagerung in solche Regionen auf, die oftmals auch als „Emerging Markets"
bezeichnet werden. Sie weisen sehr viel niedrigere Lohnniveaus als entwickelte Länder auf, jedoch steigen hier die Kommunikationskosten stärker
an. Gründe dafür sind die bereits genannten sprachlichen und kulturellen
Differenzen, aber auch der räumliche Abstand.

Vorteile und Einsparungen lassen sich also im Falle des Bestshore-
Outsourcings in geringeren Raum- und Infrastrukturkosten bei gleicher
Produktivität erzielen. Falls SSC's in allen wichtigen Zeitzonen abwech-
selnd verfügbar sind, lässt dies einen Service rund um die Uhr zu. Demzu-
folge wäre eine zeitversetzte Nutzung von Software-Lizenzen ein weiteres
Einsparungspotenzial.

Diese Vorteile können allerdings nur die größten Unternehmen realisieren,
da nur sie über ein entsprechendes Volumen an Vorgängen verfügen, die
den Aufbau eines SSC's betriebswirtschaftlich rechtfertigen.

4.2   Verbundeffekte im IT Shared Service Center

Wie in Kapitel 3.2.1 beschrieben kommen hier die Prozessoptimierung vor
allem im Hard- und Softwarebereich zum tragen. So können z.B. auf einer
SAP-Landschaft mehrere konfigurierte SAP-Systeme für verschiedene
Teilgesellschaften auf heterogenen Hardware-, Betriebssystem-, Daten-
bank- und Anwendungsplattformen vorhanden sein. Eine vorausgehende
Prozessstandardisierung würde dazu führen, dass man statt der verschiedenen individuell konfigurierten SAP-Systeme nur noch ein Prozesstempla-

te pflegen muss. Migriert man zusätzlich die unterschiedlichen Hardware- und Softwareplattformen auf ein einziges physisches SAP-System, das mit gleich konfigurierten Mandanten läuft, so reduziert man die Komplexität der Anwendung.

Solche konsolidierten Umgebungen lassen sich mit weniger Personal warten und weiterentwickeln. Durch die erhöhte Nutzerzahl können sich zudem bei Hard- und Software erhebliche Effizienzsteigerungen ergeben.

Neben der Zusammenlegung von IT-Ressourcen lassen sich auch die organisatorischen Einheiten zusammenlegen. Dabei ist es üblich, solche Prozesse, die in mehreren Lokationen gleichermaßen vorhanden sind, aus Wirtschaftlichkeitsgründen an einem Ort zu konzentrieren. Durch moderne Netzwerktechnologien und Softwareapplikationen können verschiedene Einheiten über ein einziges zentrales System mit Standardprozessen für alle Teilnehmer und wenigen Mitarbeitern abgewickelt werden.

Speziell im Rahmen der IT-Konsolidierung können hohe Kosteneinsparungen erwartet werden, wenn die Systemlandschaft ausreichend groß und heterogen ist. Sind zu wenige Systeme und Plattformen vorhanden, so sind die Einsparungen durch Skaleneffekte eher gering. Das ändert sich mit zunehmender Anzahl der Systeme und Plattformtypen so lange, wie keine Spezialanwendungen einbezogen werden. Die Konsolidierung dieser Anwendungen sind mit einem hohen Implementierungsrisiko und einem hohen Zeitaufwand verbunden, so dass die Ersparnis eher gering ist.

5 Umsetzung des Outsourcing-Konzeptes IT-Shared Service Center

5.1 Überblick ITIL

Zur Umsetzung des Outsourcing-Konzeptes „IT-Shared Service Center" müssen die Prozesse festgelegt werden. Die Grundlagen für Service-Level-Agreements und Service-Level-Management in der IT wurden durch die Information Technology Infrastructure Library, „ITIL", geschaffen. ITIL ist ein herstellerunabhängiges Regelwerk der zentralen Informatik-Beratungsstelle der britischen Regierung (Central Computer & Telecommunications Agency/CCTA).

Wie der Name IT Infrastructure Library es schon ausdrückt, besteht ITIL aus einer großen Anzahl von Büchern. In diesen Büchern beschreibt ITIL nicht nur die reine Lehre, sondern auch ein systematisches, professionelles Vorgehen für das Management der IT Service-Level, das Supply-Chain-Management und ihrer Dienstleistungen. Die Library stellt neben den Kunden die Bedeutung der wirtschaftlichen Erfüllung der Unternehmens-Anforderungen in den Mittelpunkt. Die Ausrichtung ihrer IT-Organisation nach den in ITIL beschriebenen Best Practices bringt umgesetzt einen messbaren Erfolg nach innen und außen. Das Regelwerk ITIL enthält die Erfahrungen aus über 30 Jahren IT-Betrieb und wird ständig weitergepflegt, um aktuelle Entwicklungen zu reflektieren und nutzbar zu machen. Zum Leitgedanken ITIL gehört, dass IT-Dienstleistungen alleine dazu da sind, die Geschäftsprozesse und die Mitarbeiter der Servicenehmer in ihrer Aufgabenerfüllung zu unterstützen. In den ITIL-Regelwerken wird deshalb konsequent auf die Bedeutung der Servicequalität hingewiesen. ITIL stellt zusätzlich ausführliche Checklisten, Aufgaben, Verfahren uns Zuständigkeiten zur Verfügung, die problemlos an die individuellen Anforderungen einer jeden IT-Organisation angepasst werden können. ITIL beschreibt den gemeinsamen Rahmen für sämtliche Aktivitäten einer IT-Organisation als Bestandteil der IT-Services. Die Aktivitäten werden in Prozesse gebündelt, welche sich als „Best Practices" im Bereich IT-Service-Managment etabliert haben.

ITIL ist, wie in Abbildung 6: ITIL Überblick **(Eigene Darstellung)**in zwei Bänden „Service Support" und „Service Delivery" zusammengefasst. Darin sind die 10 Kerndisziplinen beschrieben, die einen effizienten und effektiven Betrieb der gesamten IT-Infrastruktur ermöglichen, um die zwischen dem Shared Service Center und den Leistungsempfängern vereinbarten Service Levels einhalten zu können.

Der Vorteil von standardisierten IT-Prozessen für den Leistungsempfänger liegt natürlich auch in der Vergleichbarkeit von Leistung und Vergütung, gegebenenfalls sogar in einem späteren Benchmarking, zwischen den einzelnen Anbietern.

ITIL wird bereits sehr breitflächig angewendet. Verschiedene Softwaretools verwenden als Grundlage die ITIL-Verfahrensregeln. Nach ITIL umfasst IT-Service-Management verschiedene Kernfunktionen

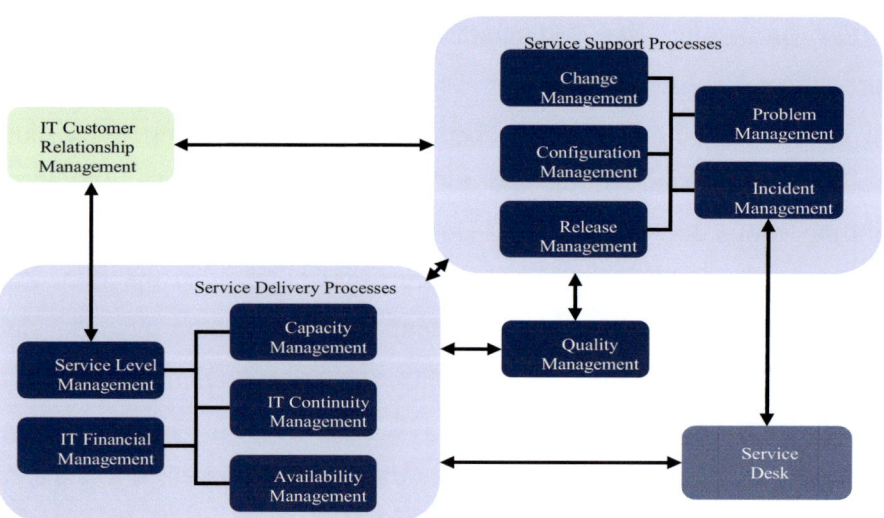

Abbildung 6: ITIL Überblick (Eigene Darstellung)

5.1.1 Service Support Prozess

Die Publikationen in ITIL sind in verschiedene Managementbereiche untergliedert und beinhalten folgende Themen:

- *Service Desk (User Help Desk)*

Der User Help Desk (UHD) ist eine Funktionseinheit im Rahmen des IT Service Managements und unterstützt mehrere Prozesse.

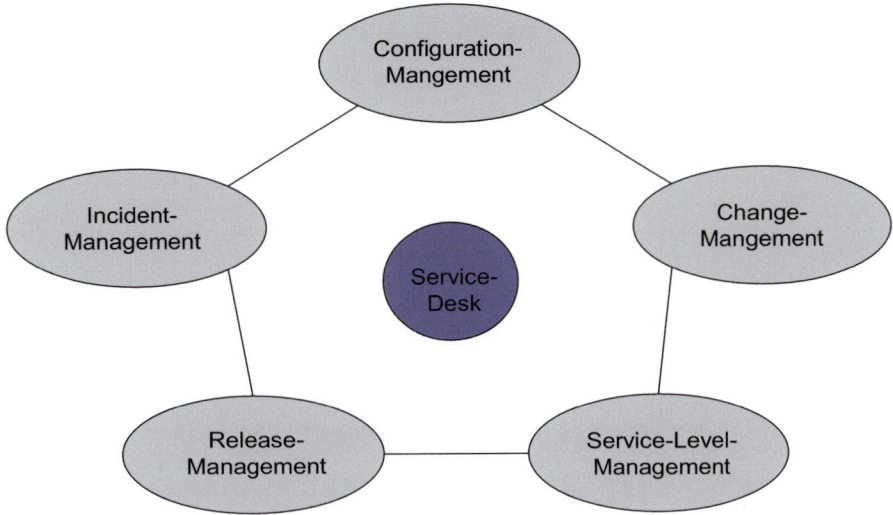

Abbildung 7: Prozesse des Service-Desk (Eigene Darstellung)

Je nach Aufgabenstellung kann der Service-Desk in mehrere ITIL-Prozesse involviert sein. Der wichtigste Prozess ist das Incident-Management, denn ein Großteil der Anfragen, die am Service-Desk eingehen, sind Störungen. Sie werden vom Service-Desk aufgenommen und deren Bearbeitungsfortschritt überwacht. Der Service-Deks kann sich auch mit der Installation von Software und Hardware befassen und somit eine Rolle im Release-Management und/oder im Change-Mangement spielen. Da der Service-Desk während der Erfassung einer Störung verifiziert, ob die Daten des Anrufers und seiner IT-Komponenten noch mit der Realität übereinstimmen, kommt dem Service-Desk diesbezüglich eine Rolle im Configuration-Managment zu.

Der Service-Desk garantiert die Erreichbarkeit der IT-Organisation für seine Nutzer. Es handelt es sich um eine Organisation, die versucht, den Anwender mit einem nicht Vorort-Service (First Level Support), also remote per Telefon zu unterstützen. Er ist die einzige Schnittstelle „Single Point of Contact (SPOC)" für den Leistungsempfänger und informiert diesen über den Status eröffneter Störungen (Calls) sowie Veränderungen an der IT. Hierbei kommt es gerade in der Einführungsphase des SSC und somit der Auslagerung der Prozess zu erheblichen Anfragen, welche nach einiger Zeit erheblich zurückgehen. Es findet also eine unterschiedliche Frequentierung von UHD-Leistungen statt. Das SSC kann die notwendigen Ressourcen unterschiedlich nutzen, während der Leistungsempfänger auch für solche Situationen die entsprechenden Mitarbeiter zur Verfügung haben müsste.

Als klassische Weiterentwicklung des UHD wird mit der Betitelung als Service Desk demonstriert, dass dem Support an vorderster Front heute eine wichtige und umfassendere Rolle zukommt. Als Schnittstelle zwischen dem Benutzern und dem Service-Dienstleister befasst er sich nicht nur mit Störungen (Incidents) und Anfragen (Trouble Tickets), sondern stellt weiterhin die Schnittstelle für andere IT-Services, wie z.B. Change-, Problem-, Konfigurations-, Release-, Service-Level-, und IT-Continuity Management dar.[13]

Dabei handelt es sich beim Service-Desk nicht um einen Prozess, sondern um eine Funktion.[14] Hierbei zeigt sich inwieweit das gesamte IT-Service-Management, bzw. das SSC innerhalb der IT-Prozesse, Hard- und Software miteinander harmonisieren müssen. Durch störungsunanfällige Hard- und Softwarelösungen können zusätzlich die Kosten für den Service-Desk gesenkt werden.

---

[13] IT-Service-Management, Eine Einführung, S. 119
[14] *Macfarlane/Rudd,* IT Service Management (The IT Infrastructure Library), S.6

- *Incident-Management*

Das Incident-Management ist für die schnellstmögliche Wiederherstellung des definierten Betriebszustands bei minimaler Störung des Geschäftsbetriebes zuständig. Dabei ist eine Störung (Incident) ein Ereignis, das nicht zum standardmäßigen Betreib eines Service gehört und das tatsächlich oder potenziell eine Unterbrechung oder eine Minderung der Service-Qualität verursacht. Im Incident Management sind die Support-Prozesse für die Annahme und Behebung von Servicebeeinträchtigungen beinhaltet. Damit ist das Incident Management ein entscheidender Faktor für die Zufriedenheit der Anwender bzw. Kunden des SSC. Die Unterscheidung zwischen Störung und Problem hat den Vorteil, dass die schnelle Wiederherstellung des IT-Services und die Suche nach Behebung der Ursache einer Störung getrennt voneinander betrachtet werden. Das Incident-Management versucht, Störungen zu beheben und den IT-Service so schnell wie möglich wiederherzustellen.

Auch die Anfragen, die über den Service-Desk eingehen, werden erfasst, erste Hilfestellungen geleistet und gegebenenfalls die weitere Bearbeitung in den nachgelagerten Supporteinheiten koordiniert.

Ist die Fehlerbehebung nicht innerhalb der im Service Level bestimmten Zeit wiederhergestellt, kann der entstandenen Schaden durch Pönalzahlungen oder Schadenersatz aufgefangen werden.

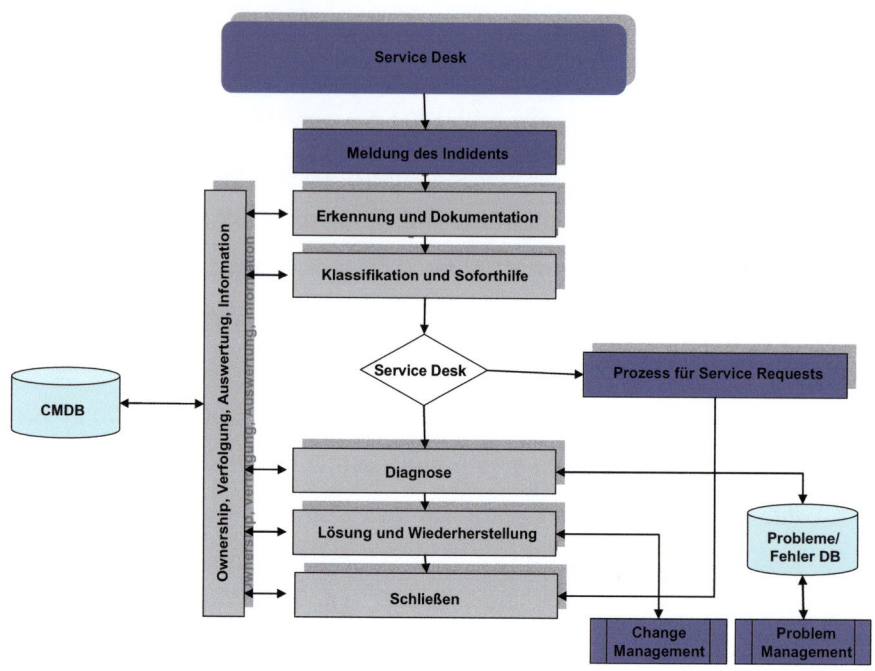

Abbildung 8: Incident Management Prozess (Macfarelane/Rudd)

Die Abbildung 8: Incident Management Prozess stellt den Prozess eines Incident-Management nach ITIL dar. Dabei wird vom Service-
Desk die Meldung eines Incident erzeugt. Diese Incident-Meldung
wird zunächst „erkannt und dokumentiert" und danach im Ticketsys-
tem „klassifiziert". Klassifizieren heißt in diesem Fall, dass die Incidents einer Kategorie zugeordnet werden und eine Priorität erhalten.
Der Incident wird einem der beiden Typen „Störung" oder „Anfrage/
Service-Request" zugeordnet. Anschließend werden ggf. erste unter-
stützende Maßnahmen eingeleitet, durch die eventuell der Incident
schon geschlossen werden kann. Beheben die ersten unterstützen-
den Maßnahmen den Incident (zum Beispiel durch Anwendung eines
Workarounds), werden die vorgenommenen Arbeitsschritte dokumentiert. Der Incident wird anschließend gemäß seiner Vorgaben geschlossen. Der Anwender kann auf Nachfrage erfahren, welche Priorität dem Incident zugewiesen wurde und welche Auswirkungen dies
auf die Bearbeitung hat.

Handelt es sich dabei um einen bekannten Fehler, so wird dieser im Wege der Soforthilfe behoben. Ist eine sofortige Behebung nicht möglich, muss der Fehler im Wege des Change-Managements behoben werden. Dies könnte z.B. dann der Fall sein, wenn ein Patch eingespielt wird und dieser Patch mit Fehlern behaftet ist, welche erst durch ein neues bzw. anderes Patch behoben werden kann (Change-Management). Die Diagnose-Information über den Incident wird in einer Datenbank gesammelt, welche auch dem Problem-Management hilft, die Ursachen der Fehler zu finden. Die benötigten Informationen, die das Incident-Management über Ownership, Verfolgung, Auswertung und Information benötigt, werden aus der Configuration-Management Database (CMDB)[15] bezogen.

Übergeordnetes Ziel des Incident-Managements ist die Zufriedenheit der Anwender. Im Interesse des Leistungsempfänger liegt dabei insbesondere die Auswirkungen von Störungen auf das Unternehmen und seine Geschäftsprozesse so gering wie möglich zu halten, die Produktivität der Anwender zu erhöhen und die Verfügbarkeit der IT-Services zu verbessern. Dabei werden dem Leistungsempfänger Managementinformationen über die Leistungsfähigkeit der IT-Infrastruktur gegeben.

- *Problem Management*

Die Ursachenforschung und die nachhaltige Beseitigung von Störungen (Incidents) stehen im Mittelpunkt des Problem-Managements. Hier werden dem Incident-Management temporäre Lösungen (Workarounds) zur Verfügung gestellt und endgültige Lösungen bekannter Fehler (Known Error) erarbeitet, die mit Hilfe des Change-Managements eingebracht werden. Ein Problem wird zu einem bekannten Fehler (Known Error) wenn die Problemursache bekannt und dokumentiert ist und das Configuration Item (CI) oder die Kombination aus CIs gefunden wurde, die dem Problem zugrunde liegen. Ein

---

[15] siehe auch Configuration Mangement IT-Service-Mangement, eine Einführung, Seite 72

Known Error inklusive ggf. vorhandenem Workaround wird dem Incident Management durch Eintrag in die Known Error Datenbank zur Verfügung gestellt.

Weiterhin wird durch das Problem-Management proaktiv das Auftreten von Störungen, Problemen und Fehlern verhindert.

Danach unterscheiden sich die Prozesse des Incident- und Problem-Management in ihrer Aufgabenstellung. Das Incident-Management hat die Aufgabe, den Service so schnell wie möglich wieder für den geschäftlichen Benutzer verfügbar zu machen. Das Problem-Management hingegen hat die Aufgabe, die Ursachen zu ermitteln, die einer Störung zugrunde liegen, und anschließend Wege zur Behebung und Vorbeugung zu finden.[16]

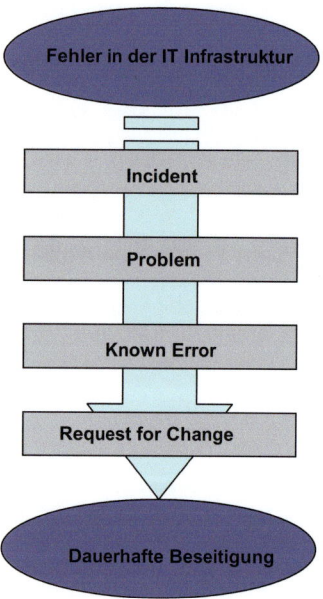

Abbildung 9: Problem Management (eigene Darstellung)

Die Abbildung 9: Problem Management stellt den Prozess des Problem-Management nach den Anforderungen der ITIL dar. Zunächst taucht ein einzelner Incident auf. In der Klassifizierung des Incident stellt sich heraus, dass dieser Fehler möglicherweise auch bei anderen Usern auftauchen könnte. Somit wird aus dem Incident ein Prob-

---

[16] *Macfarlane/Rudd* , IT-Service Management, eine Einführung, S.60,61.

lem, welches im Wege des Problem-Managements behoben werden muss. Wenn die Ursachen bekannt sind, wird auf Grundlage von geschäftlichen Überlegungen entschieden, ob eine Behebung der Ursache bzw. eine strukturelle Verbesserung der IT-Infrastruktur zur Vermeidung neuer Störungen durchgeführt werden soll oder nicht.

Kann der Fehler nicht im Wege des Problem-Managements behoben werden oder müssen die genannten proaktiven Maßnahmen durchgeführt werden, so muss das Problem-Management einen Prozess in Richtung des Change-Managements anstoßen. Diese Änderungsvorschläge werden dann durch einen Request for Change (RFC) übergeben.

Während das Incident Management die schnelle Behebung von Störungen zum Ziel hat, soll das Problem Management im Sinne der Nachhaltigkeit die Ursachen der Störungen ermitteln und Korrekturen einleiten, damit durch geeignete Maßnahmen mittel- bis langfristig die Anzahl der Störungen geringer wird. Der Prozess wird getriggert durch eine Problem-Meldung aus dem Incident Management. Weiterhin werden im Rahmen dieses Prozesses proaktiv systematische Störungen ermittelt und untersucht.

Ziel des Problem-Management ist die Reduzierung und Vorbeugung von Störungen. Hieraus resultiert eine höhere Anwenderproduktivität durch geringere Ausfallzeiten sowie eine höhere Produktivität der Support-Mitarbeiter durch eine höhere Lösungsquote im Service Desk. Im Rahmen der Problem-Managements wird die Ursache für Betriebsstörungen und deren Ursachen untereinander analysiert. Proaktives Problem-Management verhindert störende Ereignisse durch Schwachstellenanalyse der IT-Infrastruktur und entwickelt Vorschläge zur Beseitigung der Schwachstellen. Durch Senkung der Störungsanfälligkeit führt das Problem-Management zu einer nachhaltigen Erhöhung der IT-Servicequalität. Für den Leistungsempfänger stellt das Problem-Management im SSC zugleich eine bessere Kontrolle über die Dienstleistungen durch verbesserte Managementinformationen zur Verfügung.

- *Change Management*

Durch Veränderungen des Unternehmens, technische Neuerungen oder Markteinflüsse können sich die Anforderungen an das Shared Service Center ändern. Zum Beispiel:

- Wachstum von Speicherkapazitäten
- Zusätzliche Hardware
- Software-Upgrades mit geänderten Funktionen
- Veränderungen der Service-Level
- Anforderung weiterer Softwarekomponenten (neue Module)
- Neue Software-Solutions (mySAPcom)
- Neue Technologie (Linux, SAN)
- Wegfall von Leistungen durch betriebliche Änderungen

Jede Systemänderung muss der Auftraggeber über ein Change-Request-Verfahren beauftragen Nach ITIL stellt das Change Management sicher, dass standardisierte Methoden und Verfahren für alle Änderungen verwendet werden. Werden z.B. Änderungen am System durchgeführt, setzen die Partner die Service-Level-Vereinbarungen in der Regel für eine Zeitspanne aus.

Das Ziel des Change Management ist die Risikominimierung und der Ausschluss negativer Auswirkungen bei der Implementierung von Änderungen durch die Sicherstellung der Verwendung standardisierter Methoden und Verfahren.

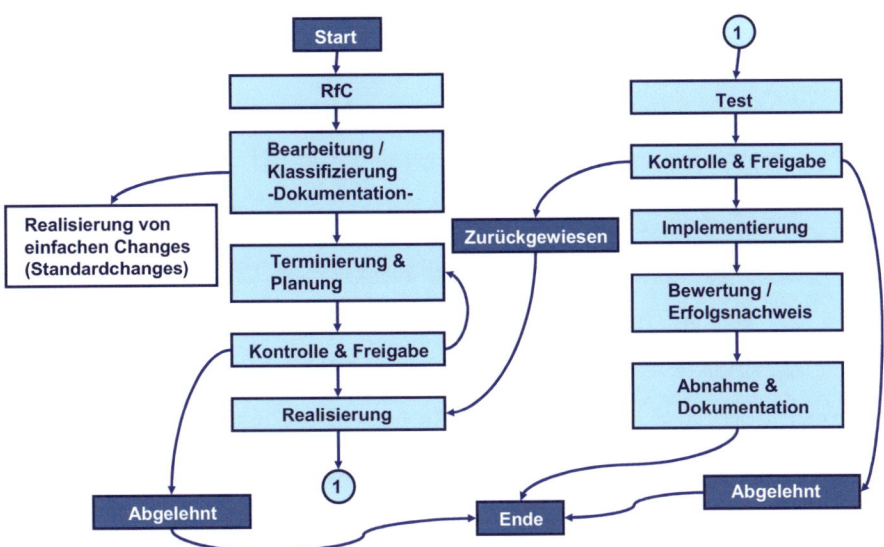

Abbildung 10: Change Prozess (Macfarelane/Rudd)

Hierdurch ist nicht nur eine effiziente Handhabung der Änderung gewährleistet, die Auswirkungen von änderungsbedingten Störungen auf den laufenden Betrieb werden somit minimiert. Die Reihenfolge der einzelnen Schritte wird geplant und kommuniziert. Die Auswirkung der einzelnen RFC's wird durch folgende Kategorisierung dokumentiert:

- *Kategorie 1 (Gering)*
  - geringe Auswirkungen auf Services (Priorität 3 oder 4)
  - geringer Aufwand für die Erstellung und den Betrieb des Change

- *Kategorie 2 (Signifikant)*
  - höhere Auswirkungen auf Services (Priorität 2 oder 3)
  - höherer Aufwand für die Erstellung und den Betrieb des Change

- *Kategorie 3 (Hoch)*
  - hohe Auswirkungen auf Servie (Priorität 1)
  - sehr hoher Aufwand für die Erstellung und den Betrieb des Change

Für die gemeinsame Bewertung und Kontrolle von Changes wird ein Change Advisory Board (CAB) mit fachkundigen Mitgliedern des Auftraggebers und Auftragnehmers eingerichtet.

Die Autorisierung und Genehmigung von Changes erfolgt über den Change Manager. Dabei spielt neben dem Change Manager das CAB bei weit reichenden Veränderungen eine wichtige Rolle. Das CAB berät über RFCs und gibt unter dem Blickwinkel der geschäftlichen Anforderungen Empfehlungen darüber, ob die vom Leistungsempfänger vorgeschlagenen Änderungen akzeptiert und implementiert oder abgelehnt werden sollten.[17]

Ziel des Change-Managements ist es den IT-Service besser auf die Geschäftsanforderungen auszurichten und dabei negative Auswirkungen auf die IT zu minimieren. Durch den Change-Management-Prozess werden für den Leistungsempfänger Kosten planbar und Risiken abschätzbar.

- *Configuration Management*

Ziel des Configuration-Managements ist es, die Überwachung der wirtschaftlichen Bedingungen des IT-Services zu unterstützen, in dem ein logisches Modell aus IT-Infrastruktur und IT-Services gepflegt wird. Dabei bezeichnet man die Betriebsmittel und die daraus resultierenden IT-Services als CI's. Es kann sich um Hardware, Software, aktive und passive Netzwerkkomponenten, Server, Dokumentationen, Verfahren und alle sonstigen Betriebsmittel handeln, die der Leistungsempfänger kontrollieren will.

---

[17] *Macfarelane/Rudd;* IT-Service-Management (The IT Infrastructure Library), S. 29

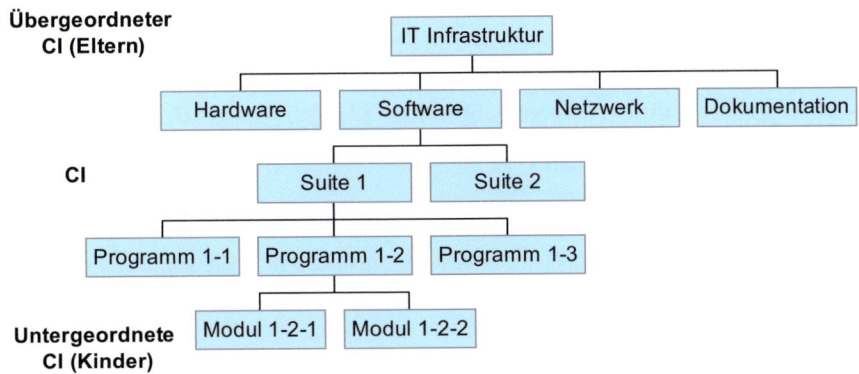

Abbildung 11: Configuration Items (Macfarelane/Rudd)

Diese, für das IT-Service-Management notwendigen Informationen, werden vom Configuration-Management bereitgestellt. Es werden alle Konfigurations-Elemente identifiziert, kontrolliert, gepflegt und die Versionierung verifiziert.[18] Das Management der Configuration Items erfolgt in der Configuration-Management-Database (CMDB). Die CMDB ist eine Kartei, in der sämtliche IT-Betriebsmittel registriert und die verschiedenen Beziehungen zwischen den einzelnen Karten innerhalb der Kartei festgehalten werden. Das Configuration-Management stellt somit eine solide Basis für das Incident-, Problem, Change- und Release-Management zur Verfügung. Nach ITIL besteht das Configuration-Management aus fünf grundlegenden Aktivitäten:

-   Planung

-   Identifizierung

-   Kontrolle

-   Statusnachweis

-   Verifizierung und Audit

Das Configuration-Management erhält die zentrale Rolle im kommunikativen und informativen Zusammenspiel der einzelnen Prozesse.

---

[18] *Macfarlane/Rudd,* IT-Service-Management (The IT Infrastructure Library), S.23

Ziel des Configuration Management ist die Erstellung und Pflege eines logischen Modells aus IT-Infrastruktur und IT-Services, dessen Informationen andere Service Management Prozesse unterstützen. Das Configuration Management stellt durch den Einsatz der CMDB gesicherte und aktuelle Informationen über die zur Leistungserstellung verwendeten Konfigurationselemente zur Verfügung.

- *Release-Management*

Ziel des Release-Managements ist der Schutz der Produktionsumgebung und die Gewährleistung der Service-Qualität durch formelle Verfahren und Kontrollen bei der Implementierung von neuen Versionen. Das Release Management verantwortet die Freigabe neuer Hard- und Software anhand der gültigen Release Richtlinien und hat somit einen ganzheitlichen Blick auf die Änderungen an IT-Services.[19] Im Gegensatz zum Change-Mangement, das auf Kontrolle ausgerichtet ist, konzentriert sich das Release-Management auf die Durchführung. Das Release-Management arbeitet eng mit dem Configuration-Management und dem Change-Management zusammen, um sicherzustellen, dass die gemeinsame CMDB auch nach jedem Release aktuell ist.

Release-Management sollte eingesetzt werden für:

- umfangreiche und kritische Hardware-Einführungen

- größere Software-Einführung

- das Bündeln von mehreren, aufeinander bezogenen Änderungen

Nachdem die Releases erfolgreich getestet und in die Produktionsumgebung überführt wurden ist es Hauptziel des Release-Managements ein erfolgreiches Rollout einschließlich der Integration durchzuführen.

---

[19] *Schulze, Robert,* Zielsetzung des Releasemanagement siehe IT Service Management, eine Einführung, S. 111

Das Release-Mangement sorgt dafür, dass nur die richtigen Versionen der autorisierten Programme und Systeme geprüft zur Verfügung gestellt werden.

Dabei ist das Ziel, geringere Fehlerquoten und eine Konsistenz bei der verteilten Hard- und Software zu erzielen. Es wird die Wahrscheinlichkeit von illegaler Software reduziert und falsche sowie nicht genehmigte Kopien leichter erkannt. Daraus resultiert eine geringere Wahrscheinlichkeit, dass Viren oder sonstige unerlaubte Eingriffe unerkannt bleiben.

5.1.2 Service Delivery Prozesse

Die Prozesse zur Servicebereitstellung (Service Delivery) unterscheiden sich nur in der in Ihrer zum Teil konkurrierenden Zielsetzung. Trotzdem ist eine Zusammenarbeit untereinander von höchster Wichtigkeit. Gemeinsam haben alle Service Delivery Prozesse, dass sie periodisch anlaufen, das Ergebnis ihrer Arbeit in einem Plan zusammengefasst wird und sie ihnen die Überwachung des Planes obliegt.

- *Service-Level-Management*

  Die technologische Anpassung an geschäftliche Veränderungen erfordert eine rasche Umsetzung. Die Anforderungen aus dem Geschäftsprozess aufzunehmen (Servicenachfrage) und ihnen adäquate Services entgegenzusetzen (Serviceangebot) ist Aufgabe des Service-Level-Managements. Daher wird in diesem Prozess die Qualität und Quantität der IT-Services zu vertretbaren Kosten verhandelt, definiert, gemessen und kontinuierlich verbessert. „Ein IT-Service geht im ITIL-Verständnis über die Konfrontation eines Anwenders mit einem technischen System hinaus.[...] Im folgenden wird daher ein IT-Service als „die Bereitstellung eines oder mehrer technischen Systeme in einer Form, dass sie zur Ermöglichung oder Unterstützung eines Geschäftsprozesses dienen" definiert."[20] Um die Lieferbarkeit der in den SLA's vereinbarten Services sicherzustellen, werden durch das Service-Level-Management mit dem Leistungsempfänger Leistungsvereinbarungen erstellt, abgeschlossen und gepflegt.

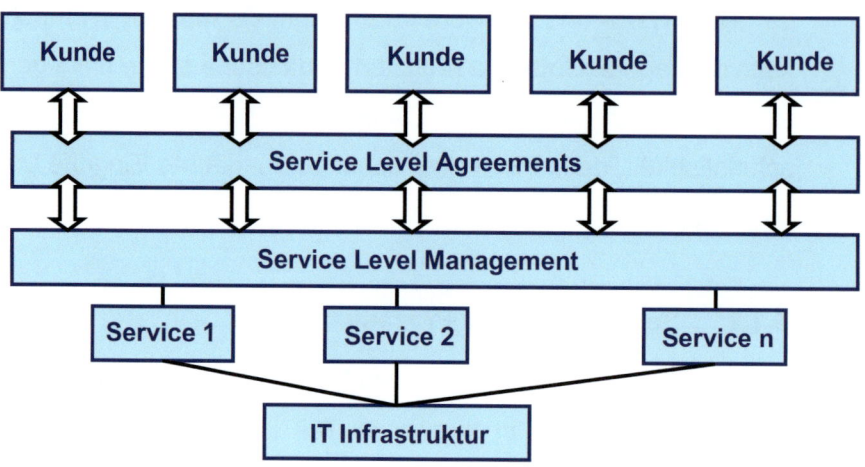

Abbildung 12: Service-Level-Management (eigene Darstellung)

Das Service-Level-Management stellt sicher, dass die SLA's dokumentiert und eingehalten werden. Darüber hinaus sollte das Service-Level-Management nach ITIL proaktiv anstreben, unter Einhaltung der herrschenden Kosten-Beschränkungen alle Service-Level zu verbessern.[21] Ein effektives Service-Level-Management erhöht die geschäftlichen Leistungen und somit auch die Zufriedenheit des Kunden.

- *Financial-Management für IT-Services*

IT-Services werden in der Regel als wichtige Unterstützung der täglichen Arbeit erfahren, die tatsächlichen Kosten dafür werden in vielen Fällten jedoch nicht ausreichend berücksichtigt. Gleichzeitig hat das Anwachsen der Anwenderzahl die IT-Finanzpläne immer größer werden lassen. Da sich die Verrechnung von IT-Leistungen recht komplex gestaltet, werden nur selten die tatsächlichen Kosten korrekt

---

[20] *Schulze, Robert,* IT Service Management, eine Einführung, S.127
[21] *Macfarelane/Rudd,* IT-Service-Management (The Infrastructure Library), S.41

festgestellt. Optimal erfolgt die Budgetplanung, die Kontrolle der IT bezogenen Kosten sowie die optionale Leistungsverrechnung durch das Financial-Management für IT-Services. Ziel des Financial-Management für IT-Services ist eine kostenwirksame Verwaltung der IT-Komponenten und der finanziellen Ressourcen, die für die Erbringung von IT-Services eingesetzt werden.[22] Um dieses Ziel verwirklichen zu können, ist die vollständige Erfassung der Kosten für IT-Services sowie deren Zuordnung zu den jeweils erbrachten Services erforderlich. Der Leistungsempfänger erhält vom Shared Service Center eine transparente Auflistung aller IT-Aufwendungen und kann mit Hilfe dieser Informationen optimal zwischen Kosten und Nutzen (Preis und Leistung) abwägen.

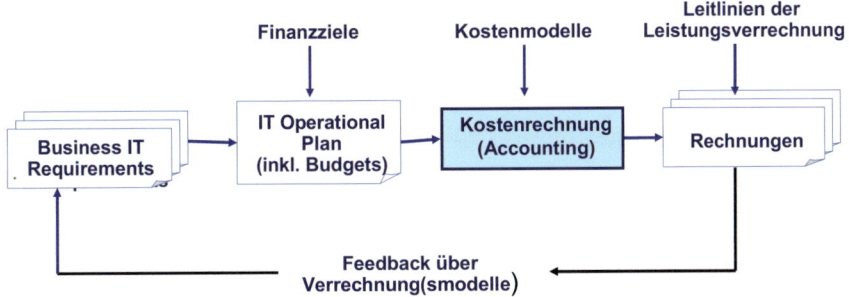

Abbildung 13: Financial-Management für IT-Services (Macfarelane/Rudd)

In Abbildung 13: Financial-Management für IT-Services wird der Prozess zur Identifizierung, Berechnung und Überwachung der Kosten für den IT-Service aufgezeigt. Die Hauptfunktionen sind:

- *Budgeting (IT Operational Plan)*
  Im Bereich Budgeting erfolgt die jährliche Budgetierung mit Verfolgung und somit die Vorhersage der Kosten für den Leistungsempfänger.

- *IT-Accounting*
  Die Ermittelung und Zurechnung der Kosten zu Service, Prozessen, Aktivitäten usw. erfolgt im IT-Accounting.

---

[22] *Schulze, Robert,* IT Service Management, eine Einführung, S. 141

- *IT-Charging*

    Das IT-Charging des Shared Service Center verrechnet die erbrachten Leistungen und reportet gegenüber dem Leistungsempfänger. Es zählt die verschiedenen Möglichkeiten der Weiterbelastung (Charging) auf, mit denen sich die Kosten für den geleisteten IT-Service auf geschäftliche Weise an die Kunden weiter verrechnen lassen. Management Entscheidungen zu IT Investitionen werden durch detaillierte Business Cases unterstützt. Dies reduziert wiederum die Risiken der Budgetüberziehung und stellt die Liquidität des Leistungsempfängers sicher.

Durch das Financial-Management für IT-Services bietet das Shared Service Center für den Leistungsempfänger eine kostenwirksame Bereitstellung von IT-Komponenten und der finanziellen Ressourcen, die für die Erbringung von IT-Services eingesetzt werden.

- *Capacity-Management*

Der Prozess des Capacity-Managements unterstützt die Vereinbarungen mit dem Leistungsempfänger, indem der Einsatz von IT-Ressourcen optimiert wird. Das bedeutet, dass die Leistung (Performance) der IT-Services ermittelt und gegebenenfalls angeglichen werden muss. Außerdem müssen die Anforderungen des Kunden klar und die Möglichkeiten der Infrastruktur bekannt sein. Weitere Aufgaben des Capacity-Management sind:

- Management von Ressourcen
- Management und Optimierung der Leistung
- Einflussnahme bei der Nachfrage von Ressourcen
- Kapazitätsplanung
- Management der Arbeitslasten und Anwendungsdimensionierung.

Um dieser Aufgabe gerecht werden zu können, muss das Capacity-Management die zu erwartenden technologischen Entwicklungen kennen. Im Rahmen des Capacity-Managements liegt der Schwerpunkt auf der Planung, so dass auch künftig die vereinbarten Service-Levels erreicht werden können.

Ziel des Capacity-Managements ist, durch die Verbesserung von Abläufen und der Identifikation der Kapazität und Auslastung von Hard- und Software, einen optimalen Ressourceneinsatz zu generieren. Das Capacity-Management bedient sich hierbei dem Monitroring aller Komponenten. Das Shared Service Center kann durch den optimalen Einsatz des Capacity-Management eine Prognose über den zukünftigen Bedarf erstellen und somit die Wirtschaftlichkeit für den Leistungsempfänger verbessern. Weiterhin wird das Risiko von Performance-Problemen oder Ausfällen vermindert.

- *IT-Service-Continuity-Management*

IT-Service-Continuity-Management legt die Maßnahmen und Prozesse für unvorhergesehene Katastrophenfälle für die IT-Services fest. IT-Service-Continuity-Management stellt mit Nachdruck den Zusammenhang mit sämtlichen Maßnahmen her, die erforderlich sind, um die Kontinuität der Kundenorganisation im Falle- von Katastrophen sicherzustellen. Als Katastrophe gilt hier „ein Ereignis, das den Betrieb eines Services oder eines Systems in solch hohem Maße stört, dass häufig ein erheblicher Aufwand erforderlich ist, um den ursprünglichen Betriebsablauf wieder herstellen zu können."[23] Mögliche Katastrophen sind zum Beispiel Feuer, Blitzeinschlag, Wasserschaden, Einbruch, Vandalismus, Stromstörungen und Gewalt. Letzteres zeigt sich deutlich in den Auswirkungen des 11. September 2001, den Terroranschlag auf das World Trade Center in New York. Das IT-Service-Continuity-Management beschäftigt sich hier mit der Planung und Abstimmung der technischen, finanziellen und organisatorischen

---

[23] *Schulze, Robert,* IT Service Management, eine Einführung, S. 167

Möglichkeiten, die für die Gewährleistung der Kontinuität der IT-Services, die mit dem Kunden vereinbart wurden, nach dem Auftreten von Schwierigkeiten, bzw. Katastrophen erforderlich sind. Um das Verhältnis der zu erwartenden Kosten den Verbesserungen gegenüberstellen zu können, ist eine Risikoanalyse notwendig. Erst wenn bekannt ist, worin das Risiko für das gesamte Unternehmen und nicht nur für die IT selbst besteht, kann in Vorsorgemaßnahmen und Maßnahmen im Zusammenhang mit einer möglichen Katastrophe investiert werden. Das IT-Service-Continuity-Management ist ständig in die Aktivitäten des Change Management involviert und arbeitet eng mit den anderen Bereitstellungsprozessen (Service Delivery) zusammen.

- *Availibility-Management*

  Verfügbarkeit beruht auf Zuverlässigkeit, Wartbarkeit und Servicefähigkeit:

  - *Zuverlässigkeit (Reliabiltiy)*
    Dauer, in der ein Service störungsfrei zur Verfügung steht

  - *Wartbarkeit (Maintainability)*
    Bezieht sich auf den Aufwand zur Aufrechterhaltung bzw. Wiederherstellung eines Service

  - *Servicefähigkeit (Serviceabiltiy)*
    Bezieht sich auf die vertraglich vereinbarten Pflichten von Komponenten des IT-Service[24]

  Der geschäftliche und gesellschaftliche Erfolg eines Unternehmens hängt zunehmend von einer einwandfreien IT-Infrastruktur ab. Eine IT-Störung, die mehrere Stunden andauert, kann erhebliche Konsequenzen für den Umsatz und das Image von Unternehmen haben. „Das Availibility-Management ist nach ITIL für die Realisierung und

---

[24] *Schulze, Robert,* IT Service Management, eine Einführung, S. 182

Optimierung der Verfügbarkeit der Services zuständig."[25] Ein hohes Maß an Verfügbarkeit bedeutet, dass der Anwender jederzeit, bzw. im vereinbarten Rahmen über den IT-Service verfügen kann. Verfügbarkeit ist eine Bewertung, die sich aus Messwerten ableiten lässt. Die Verfügbarkeit eines Service hängt ab von:

- der Komplexität der Architektur der IT-Infrastruktur
- der Zuverlässigkeit der Komponenten
- der Fähigkeit, schnell und angemessen auf Störungen reagieren zu können
- der Qualität der Supportorganisation (Shared Service Center)
- der Qualität der Reichweite der operativen Management-Prozesse

Availibility-Management gewährleistet die mit dem Leistungsempfänger vereinbarte Verfügbarkeit von IT-Services.

$$\%\text{Verfügbarkeit} = \frac{\text{Erreichte verfügbare Zeit}}{\text{Vereinbarte verfügbare Zeit}}$$

Dazu werden die richtigen und kosteneffektivsten Mittel, Methoden und Techniken eingesetzt. Vorraussetzung hierfür ist, dass die Anforderungen des Leistungsempfängers mit den Möglichkeiten der IT-Infrastruktur übereinstimmt. Ist eine solche Übereinstimmung nicht gegeben, schlägt das Availibility-Managment Lösungen vor. Weiterhin sorgt das Availibility-Managment dafür, dass die realisierten Verfügbarkeitsniveaus gemessen und nötigenfalls verbessert werden. Das Availibility-Managment beschäftigt sich somit neben der Wartung und den Maßnahmen zur Minimierung der Folgen von Störungen auch mit der Optimierung. Das heißt, es wird ein servicespezifisches Verfügbarkeitsniveau definiert, die Umsetzung geplant und die definierten Qualitätsparameter überwacht.

---

[25] *Macfarlane/ Rudd,* IT-Service-Management (The Infrastructure Library), S. 11

Das Shared Service Center hat durch das Availibility-Managment die Möglichkeit die mit dem Leistungsempfänger vereinbarten Service-Level zu berechnen und zu quantifizieren.

- *Security-Management*

  Auf Grund der immer stärkeren Nutzung des Internet und der zunehmenden Bedeutung des E-Commerce kommt der Informations- und Datensicherheit heute eine immer größere Bedeutung zu. Dabei ist das kontrollierte zur Verfügung stellen von Informationen und der Schutz dieser Informationen vor unbefugtem Zugriff Hauptaufgabe des Security-Management. Grundlage für die Sicherheitsstufe bilden die vereinbarten SLA's. Das Security-Managment übernimmt die Realisierung und Überwachung der in den SLA's vereinbarten Sicherheitsvereinbarungen. Die gestiegene Komplexität der IT-Infrastruktur ist nicht nur anfälliger für technische Störungen, sondern auch für (un-) beabsichtigte menschliche Fehler, Hacker, Computerviren usw. Das Security-Managment untergliedert sich in zwei wichtige Punkte:

  - die Erfüllung der Sicherheitsanforderungen in den SLA's und anderer externer Anforderungen, die in Verträgen, Gesetzen und gegebenenfalls den Sicherheits-Grundsätzen des Unternehmens (Policies) festgelegt wurden
  - Schaffung eines gewissen Grundschutzes

  „Das Security-Management ist ein zyklisches System: „a never ending cycle of plan, do, check, act".[26] Die Aktivitäten werden entweder vom Security-Management selbst durchgeführt oder im Rahmen anderer Prozesse durch das Security-Management gesteuert.

---

[26] *Schulze, Robert,* IT Service Management, eine Einführung, S. 199

6 Aufbau eines Shared Service Centers

Der Übergang von der weisungsgebundenen Stabsstelle zur zentralen Dienstleistungsstelle, ausgestattet mit einer gewissen Teil- oder Vollkompetenz bzw. hierarchischer Autorität, ist fließend. Zum Teil handelt es sich bei Shared Service Centern um frühere Stäbe, deren Funktion für die Firma im Laufe der Zeit an Bedeutung zugenommen und die aus diesem Grund in die Linie aufgestiegen sind. Die Verantwortung für interne Serviceleistungen wird somit vom Management in die Linienorganisation verschoben. SSC haben jedoch im Gegensatz zu Stabsstellen mit bloßer Beratungsfunktion das Recht, Richtlinien für eine einheitliche und wirtschaftliche Abwicklung bestimmter Ausgaben vorzugeben.

Im Unterschied zu zentralisierten Funktionen, ausgeführt von der Unternehmensleitung, sind Shared Service Center zudem gewöhnlich getrennt von dieser angesiedelt. Sie werden wie eine unabhängige Unternehmenseinheit mit Eigenverantwortung geführt und unterliegen wie jede autonome gewerbliche Tätigkeit der Wirtschaftlichkeitskontrolle.

Im Shared Service Center – Modell findet sich weiterhin das Konzept der Beschränkung auf Kernkompetenzen wieder. Zentrale Aufgaben, welche für Standardisierung geeignet sind werden von Shared Service Centern ausgeführt. Dezentrale, lokale Tätigkeiten werden in Geschäftseinheiten angesiedelt, die bei der Erledigung dieser Aufgaben eher einen Vorteil besitzen. Eine Doppelung ist ausgeschlossen und jeder konzentriert sich auf die eigenen Stärken.

Bei der Realisierung des Aufbaus eines IT-Shared Service Centers liegt das Hauptaugenmerk auf den in Kapitel 5.1 genannten IT-Prozessen, bzw. der IT-Infrastruktur die vom Shared Service Center übernommen werden sollen und dessen zukünftigen Kosten.

6.1 Vorüberlegungen

Zu Beginn jeglicher Überlegung zur Realisierung eines Shared Service Centers steht die Vorüberlegung des zukünftigen Leistungsempfängers zum Outsourcing. Die Vorüberlegungen lassen sich an Hand des sog. „Unternehmensberatungsdreieck" für die vertikale Betrachtung in eine konkrete Vorgehenswiese umwandeln.[27] Hier wird in drei Ebenen unterschieden:

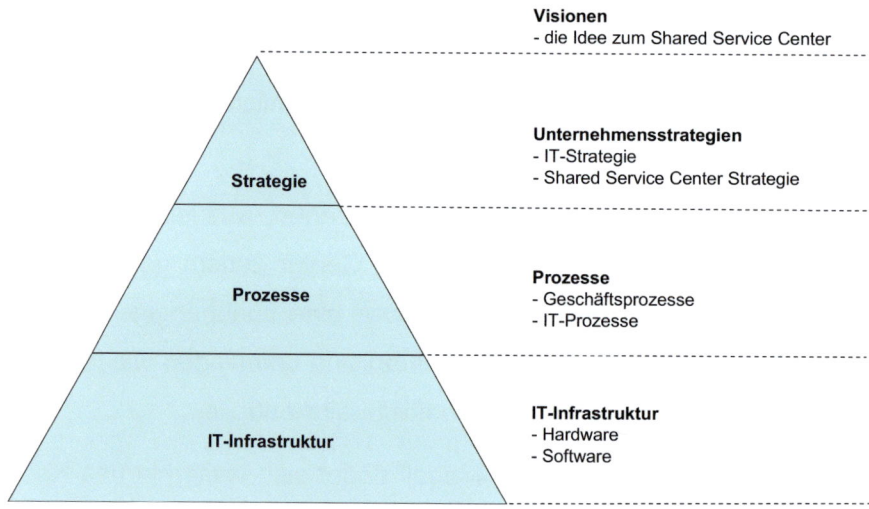

Abbildung 14: Unternehmensberatungsdreieck (Quelle: Österle, Business Engineering)

Zunächst gibt es eine Vision, dass Outsourcing der IT des Unternehmens interessante Wettbewerbsvorteile bringen wird. Diese Vision stellt eine grob skizzierte Idee eines Shared Service Center dar. Ist die Vision als Shared Service Center definiert, wird aus der definierten Vision eine konkrete Strategie. Diese Strategie hat Auswirkungen auf die Geschäftsprozesse, IT-Prozesse und IT-Infrastruktur, aber auch auf die Organisation. Teil dieser Strategie ist es, dass sich das Unternehmen entscheiden muss, welche IT- Prozesse es auslagert. Im Vorfeld wird hierzu eine Analyse der IT-Bereiche angestoßen, um somit eine Total Cost of Ownership Betrachtung durchzuführen. Die Ergeb-

---

[27] *Österle*, Business Engineering: Prozess- und Systementwicklung S. 14-18

nisse führen meist zu einer Make-or-Buy-Entscheidung. Im Falle der Entscheidung für ein Shared Service Center sollte bei der Übernahme der IT-Prozesse eine wie in Kapitel 6.2 beschriebene Standardisierung stattfinden. Dabei sind die Kosten für das IT-Service-Management und den IT-Support zu senken und zugleich neue Geschäftsmodelle zu entwickeln, um die Qualität der Services zu erhalten oder zu steigern.[28] Damit diese Ziele erreicht werden können, müssen die Prozesse nach ITIL, wie in 5.1 beschrieben, gestaltet werden. So können die Ressourcen beim Erbringen qualitativer, hochwertiger, innovativer, auf Geschäftsprozesse ausgerichtete IT-Services auf wirkungsvolle, effiziente und effektive Weise genutzt werden.[29] Ein weiterer Schritt im Aufbau eines Shared Service Center ist die Strukturierung, welche in Kapitel 6.3 näher beschrieben wird.

Der Implementierungsaufwand ist jedoch nicht zu unterschätzen. Eine detaillierte Methodik zur Einführung ist notwendig. Der Prozess kann in drei Phasen gegliedert werden:

- *Machbarkeitsprüfung und Grobkonzeption:*
  In der ersten Phase werden die neu zu strukturierenden Prozesse ausgewählt sowie auf Basis einer Benchmark-Studie Schwachstellen und Potenziale ermittelt. Es werden Maßnahmen, die unmittelbar spürbare Verbesserungen oder Ersparnisse bringen, identifiziert und festgelegt. Die angestrebten Sollprozesse, einschließlich der entsprechenden IT-Infrastruktur, werden grob geplant, der Business Case wird, wie in Kapitel 6.5 beschrieben, entwickelt.

- *Detailkonzeption und Organisation:*
  In der zweiten Phase werden die Sollprozesse detailliert entworfen. Der Verantwortungsübergang zwischen dem Shared Service Center und den dezentralen Einheiten wird exakt fest-

---

[28] *Lewandowski/Mann,* IT-Outsourcing und Service Management, S.147 ff.
[29] *Macfallane/Rudd,* The Infrastructure Library, S. 4

gelegt. Die neue Organisation wird genau geplant und die Einführungssequenz mit allen beteiligten Parteien abgestimmt.

- *Umsetzung und Nutzenrealisierung:*
  In der letzten Phase wird das Geschäftsmodell einschließlich der entsprechenden IT-Infrastruktur vollständig implementiert. Eine kontinuierliche Nutzenkontrolle und ein dauerhaftes Change Management werden installiert. Zur Sicherstellung der reibungsfreien und kontinuierlichen Anpassung des IT-Shared Service Center an neue Geschäftsanforderungen empfiehlt es sich, eine zentrale Verantwortlichkeit für das Prozess-Design über Process Owner einzurichten.

Unterstützung durch das Management ist wesentlich für den Erfolg einer Shared Service Center Einführung. Dazu gehört auch, dass die internen Veränderungen durch entsprechende Kommunikation begleitet und transparent gemacht werden. Insbesondere müssen Geschäftseinheiten und Gesellschaften für das Projekt gewonnen werden. Es gilt, allen Beteiligten die Vorteile deutlich zu machen, die sich aus der Konzentration auf das Kerngeschäft und die Bündelung unterstützender Prozesse ergeben. Die notwendigen organisatorischen Veränderungen müssen erklärt und akzeptiert werden. Ist die Entscheidung für ein Shared Service Center gefallen, so sollte die Umsetzung zügig erfolgen. Bei der Projektplanung sind Implikationen zu beachten, die nicht unmittelbar mit Fragen der Unternehmensorganisation zu tun haben. So kann die Verlagerung von Prozessen an einen Shared Service Center Standort rechtliche oder steuerliche Konsequenzen haben. Wichtiger Teil der Projektplanung ist auch die Anpassung der IT-Infrastruktur an die neu gestalteten Abläufe.

6.2 Standardisierung der Geschäftsprozesse

„Die innovativen Outsourcing-Konzepte der heutigen Generation verfolgen einen so genannten Full Service Ansatz, bei dem der externe IT-Service Provider das gesamte IT-Outsourcing-Projekt von Beginn bis zum Ende verantwortet. D.h., der IT-Service Provider übernimmt die gesamte Lösungsrealisierung für einen Kunden, von der Konzeption (Plan) über die betriebsfähige Ausgestaltung der Lösung (Build) bis hin zum Betrieb der Lösung einschließlich der kontinuierlichen Optimierung der Systeme sowie der Anwenderbetreuung (Run). Primäres Ziel hierbei ist, den Kunden eine flexible und dynamische Nutzung ihrer IT-gestützten Dienstleistungen zu ermöglichen, um so den unternehmensübergreifenden Wertschöpfungsprozess effizienter unterstützen zu können"[30]

Unter dem Gesichtspunkt dieser immer weiter zunehmenden, funktions- und wertschöpfungsorientierten Outsourcing-Tendenz, spielen IT-Standards und Service-Standardisierungen sowie die Gestaltung der vereinbarten Service-Level-Agreements (SLAs – siehe auch 6.4.1) eine tragende Rolle im Shared Service Center.

Das primäre betriebswirtschaftliche Ziel eines jeden IT-Shared Service Centers besteht in der Realisierung von Economies of Scale durch die Standardisierung, Skalierung und Multiplikation des Outputs der angebotenen Leistungen. Die IT-Services sind die Kernkompetenz eines IT-Shared Service Centers, jedoch können diese langfristig nur dann profitabel eingesetzt werden, wenn sie die wertschöpfenden Geschäftsprozesse der Kunden optimal unterstützen und somit ein Maximum an Nutzen bzw. Wertschöpfung für die Kunden generieren. Fokussiert sich das IT-Shared Service Center auf diesen Kundennutzen, wird er auch in seiner eigenen Aufbau- und Ablauforganisation

---

[30] HORCHLER, HARTMUT (2002): »Die digitale Wertschöpfungskette beeinflusst den IT-Betrieb nachhaltig«, in: Wirtschaftspraxis – Verwaltungspraxis – Wirtschaftswissenschaften«, Nr. 1/ 2002, Kassel.

den eigentlichen Geschäftsprozessen Vorrang geben und seine Abläufe nicht mehr unbedingt hierarchisch, sondern prozessorientiert organisieren. Mit dieser prozessorientierten, organisatorischen Weiterentwicklung gehen die IT-Shared Service Center einen wesentlichen Schritt vom traditionellen, produktionsorientierten IT-Outsourcer in Richtung eines funktionsorientierten Applikations-Outsourcing mit kundenorientierter Marktausrichtung (siehe auch Kapitel 2.2.2).

6.3 Strukturierung

Die Planung, Beschaffung, Erbringung, Überwachung und laufende Anpassung von Serviceleistungen ist in einem sich schnell verändernden Unternehmensumfeld ein wesentlicher Bestandteil des Unternehmenserfolgs. Dabei spielen Parameter wie Arbeitsteilung, Kostenreduktion, Transparenz, Flexibilität und Skalierbarkeit eine führende Rolle.

Aus der Sicht der Serviceerbringung in einer Organisation lässt sich eine Einteilung in insgesamt vier Levels treffen:

- *Level 0* behandelt Verfahren und Methoden, die eine Reduktion der Anzahl von Störungsmeldungen an einen Helpdesk zum Ziel haben und dies durch eine möglichst weitgehende Eigenständigkeit des Benutzers bei der Problemeingrenzung und -behebung erreichen wollen.

- *Level 1* ist der klassische Helpdesk. Hier werden in erster Linie Telefoninteraktionen stattfinden und Probleme aus einem weitgehend standardisierten Bereich behandelt.

- *Level 2* ist üblicherweise das Backup zu Level 1. Fachlich komplexere Probleme oder neu auftretende Fragen werden vom Level 1 Support zum jeweiligen Fachteam weitergereicht.

- *Level 3* umfasst all jene Anforderungen, die nicht innerhalb der Organisation bearbeitet und gelöst werden und damit die Unternehmensgrenze verlassen um in Kopperation mit einem Servicelieferanten gelöst zu werden. Dazu gehören vor allem Hardwarestörungen, aber auch komplexere Softwareprobleme.

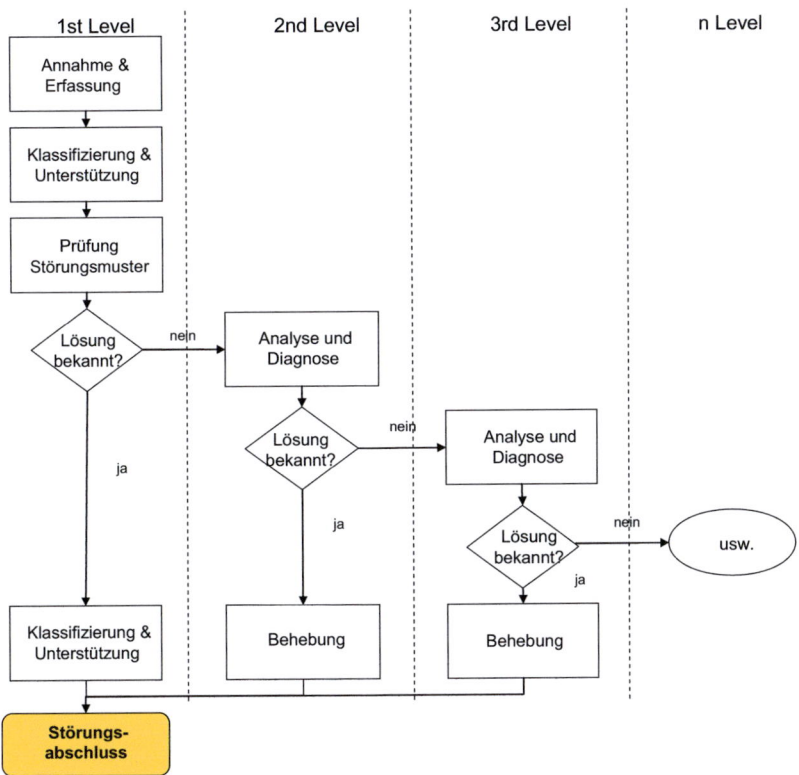

Abbildung 15: Service Level (Macfarelane/Rudd)

Mitarbeiter verschiedener Funktionen werden Support-Teams im Shared Service Center zugeteilt, die für die Störungsbeseitigung zuständig sind. Diese Teams werden aufgrund ihrer Kenntnisse und Fähigkeiten gebildet, und in First-, Second- und Third-Level-Support eingestuft. Der First-Level-Support wird meist aus dem Service-Desk gestellt, wobei der Second-Level-Support Administration, Netzwerk-Management, Server-Management usw. umfasst. Entwickler und IT-Architekten stellen den Third-Level-Support, gefolgt von den Dienstleistern und Produktspezialisten.

Eine Häufigkeitsbetrachtung der einzelnen Levels zeigt, dass zwischen 10% und 20% der Serviceanforderungen dem Level 3 zuzurechnen sind. Die signifikante Eigenschaft des Level-3-Supports ist die Einbeziehung von externen Organisationen in die Serviceerbringung. Bei Level-3-Supportfällen müssen daher Prozesse und Systeme in unterschiedlichen Organisationen (Servicekunde und Serviceerbringer) kooperieren. Dies ist immer mit einem Systembruch verbunden und verursacht vor allem bei mehreren Kooperationspartnern und bei höheren Callvolumina den Verlust von Transparenz und hohe Kosten. Mangelnde Transparenz und Kosten entstehen dabei vor allem durch unstrukturierte Kommunikationsformen wie Telefon, Fax oder Mail und der Unmöglichkeit mit diesen Medien einen transaktionsorientierten und durch Prozesse automatisch steuerbaren und damit verfolgbaren Informationsfluss abzubilden.

Neben den Service-Levels ist eine Strukturierung in Prioritäten unabdingbar. Sie stellen oft die einfachste Möglichkeit dar, die Dringlichkeit eines Problems zu kommunizieren. Leider wird aber der Begriff Priorität auch oft sehr unklar formuliert. Prioritäten sollten als klare geordnete und abgeschlossene Abstufung dargestellt werden und nicht zur Formulierung von Problemarten dienen. Die Priorität ist üblicherweise ein wesentliches Merkmal einer Serviceanforderung und wird damit allen an der Problembearbeitung beteiligten kommuniziert. Unklarheiten über die Bedeutung einer Priorität verursachen in der Folge auch Missverständnisse bei der Problembearbeitung.

Es ist auch nicht sinnvoll, eine große Anzahl von Prioritätsstufen festzulegen. Die Praxis zeigt, dass in allen Fällen mit maximal vier Stufen das Auslangen zu finden ist.

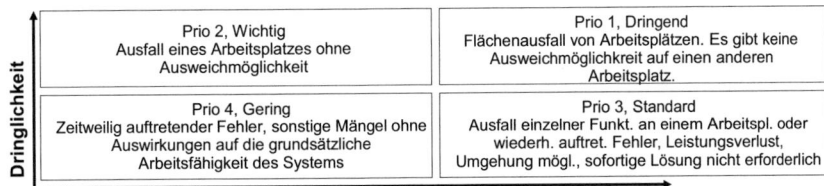

Abbildung 16: Prioritäten (eigene Darstellung)

Prioritäten sind also eine rein numerische Angelegenheit. Die Konsequenz einer Priorität 1 oder Priorität 4 einer Serviceanforderung ist in Form von Service-Level-Vereinbarungen zu regeln (siehe 6.4.1). Der Informationsgehalt einer Serviceanforderung wird nicht höher, wenn statt Priorität 1 ein Begriff wie „Totalstillstand" verwendet wird.

Die genannten Service-Levels und Prioritäten schaffen zunächst eine gemeinsame Sprache zwischen Organisationen in Bezug auf Serviceanforderungen. Um jedoch Prozesse beim Kunden mit den entsprechenden Prozessen beim Dienstleister automatisch verbinden zu können, ist es notwendig, Transaktionen zu definieren, die den Informationsfluss in den einzelnen Phasen eines Servicefalles klar abbilden.

Eine Kommunikation setzt eine gemeinsame Interpretation von bestimmten Aktionen und daraus folgenden Stati voraus. Dies ist erreichbar, wenn bei der Festlegung der Aktionen und Stati von einem gemeinsamen Transaktionsmodell ausgegangen wird. Die Praxis zeigt, dass maximal acht Statuscodes und entsprechende Aktionen auf beiden Seiten ausreichend sind

Statuscode	Beschreibung
0	Start
1	Durch Dientleister nicht angenommen
2	Durch Dientleister angenommen
3	Durch Kunden übermittelt
4	Offen beim Dienstleister
5	Offen beim Kunden
6	Geschlossen beim Dienstleister
7	Geschlossen beim Kunden

Abbildung 17: Beschreibung Statuscodes (eigene Darstellung)

6.4 Planung und Aufbau

Nach Festlegung der auszulagernden Prozesse und Services geht es darum einen erfolgreichen Aufbau eines IT-Shared Service Centers zu gewährleisten.

Die erste Projektphase ist natürlich die Planungsphase. Nach der erfolgten Standardisierung und Strukturierung geht es um die Service-Detaillierung und um die genaue Festlegung, welche Dienstleistungen man ausgliedern möchte.

Anschließend würde bei einer Auslagerung an einen Dienstleister der Ausschreibungsprozess beginnen, in dem zunächst auf Basis von allgemeineren Informationen ein Request for Information (RFI) an eine Vielzahl von Dienstleistern versendet würde. Im Falle des Aufbaus eines Shared Service Centers werden diese Informationen weiter detailliert und von einem Projektteam ausgearbeitet.

Die interessierten Dienstleister würden mit der Beantwortung des RFI ihre Bereitschaft am Angebotsprozess teilzunehmen signalisieren und Informationen über ihre Leistungsfähigkeit und Referenzen senden. Als Ergebnis der Auswertung der eingegangenen RFI-Antworten würde das Unternehmen eine Vorselektion durchführen und ein Request for Proposal (RFP) an die von ihm als geeignet empfundenen Dienstleister versenden. Eine solche Aufforderung zur Abgabe eines Angebotes würde alle notwendigen Detailpunkte des Outsourcing-Vorhabens beinhalten. Da bereits hier die Veröffentlichung von Interna notwendig wäre, würden die Dienstleister eine Vertraulichkeitserklärung unterschreiben. Nach Eingang der Angebote würde eine so genannte Shortlist erstellt werden, welche maximal drei Dienstleister beinhalten würde mit welchen das Unternehmen in Verhandlung treten möchte.

Diese Schritte entfallen beim Aufbau eines Shared Service Centers. An ihre Stelle treten Checklisten, welche vom Unternehmen, bzw. dem Projektteam selbst überprüft werden müssen. Eine solche Checklist ist im Folgenden aufgeführt:

- Es besteht Klarheit über die heutigen und künftigen Kernkompetenzen aufgrund laufender und umfassender Analysen des Branchenwettbewerbs

- Aufgrund dieser Definition der Kernkompetenzen besteht ein ausreichendes Verständnis der Definition unserer Kernprozesse und der Möglichkeiten eines damit verbundenen und passenden IT-Shared Service Center

- Dieses Verständnis eines IT-Shared Service Center geht über reine Kostensenkungsaspekte weit hinaus und umfasst auch Aspekte der Leistungssteigerung im Markt und im Wettbewerb wie in Kapitel 3.2 beschrieben

- Die Verantwortlichkeiten und Aufgaben sind klar abgegrenzt

- Für ein mögliches IT-Shared Service Center sind Prozesse weitestgehend standardisiert, notwendige Service-Level definiert und die Schnittstellen klar festgelegt

- Mithilfe von "Service Level Agreements" und detaillierter Dokumentationen besteht gleichzeitig die Kontrolle über die Zusammenarbeit und die Grundlage für die sich aus Veränderungen des Umfelds ergebenden notwendigen Anpassungen in der Zukunft.

6.4.1 Service Level Agreements

Der Begriff der Service-Level-Agreements (SLA) ist ein weit verbreiteter Begriff, mit seinem Ursprung in Outsourcing-Projekten. Ein Service-Level-Agreement ist generell eine Vereinbarung zwischen einem Auftraggeber und einem Dienstleister.

Es beschreibt Service- und Leistungsvereinbarungen, die in ihrer Qualität durch einzelne Service-Level-Kennzahlen messbar sind.

Mit der Einführung von Service-Level-Agreements werden u.a. folgende Zielsetzungen und Verbesserungen angestrebt:

- Ziele und Messgrößen für IT-Services und -Produkte festlegen

- Die Leistungsfähigkeit des Servicegebers besser darstellen, d.h.: transparente und vergleichbare Leistungen sowie Ausgewogenheit zwischen den Kundenbedürfnissen und dem wirtschaflich/technisch Machbaren erzielen

- Leistungen des Servicegebers besser abgrenzen gegenüber dem Auftraggeber

- Rollenverständnis klären, Verantwortlichkeiten und Anforderungen festlegen für Dienstleister und Auftraggeber

- Die Zusammenarbeit zwischen Dienstleister und Auftraggeber kontinuierlich optimieren

- Eine solide Planungsgrundlage schaffen

Service-Level-Agreements lassen sich für verschiedene IT-Dienstleistungen und an unterschiedlichen Schnittstellen der Wertschöpfungskette zwischen Dienstleister und Auftraggeber definieren.

Die Service-Level-Agreements zwischen dem IT-Shared Service Center und dem Auftraggeber sind innerhalb der IT auf die beteiligten IT-Bereiche der Leistungskette weiter herunter zu brechen. D.h. wurden zwischen Application Management, User Help Desk etc. und deren Kunden Service-Levels vereinbart, so sind diese innerhalb der verschiedenen IT-Bereiche wie Systems Management, Network Management, etc. abzusichern. Die IT-internen Service-Level-Agreements dienen dazu, die zwischen dem IT-Shared Service Center und dem Auftraggeber abgestimmten Service-Levels sicher zu stellen und im Hinblick auf Machbarkeit (Wirtschaftlichkeit, Technologie) zu verifizieren.

Hier existiert in der Praxis ein Spannungsfeld zwischen den Kundenbedürfnissen und der wirtschaftlichen und technischen Machbarkeit. Der Kunde fordert natürlich immer extrem hohe Verfügbarkeiten, geringe Antwortzeiten, etc., welche im Dialog mit den IT-Shared Service Center oftmals zu Diskussionen führen. Hier ist eine Balance zwischen Anforderungen der Abteilungen und dem technisch wirtschaftlich Machbarem zu finden.

Nach einer aktuellen Untersuchung der IDC aus dem Jahre 2002 verrechnen derzeit noch fast die Hälfte der unternehmensinternen IT-Abteilungen ihre IT-Leistungen nach einem Umlageverfahren (49 % über den Gemeinkostenschlüssel). In derartigen Unternehmen ist die IT somit als Cost Center (CC) aufgestellt. In einer IT-Organisation, die an der Einhaltung von Kostenzielen gemessen wird, ist es in der Regel nicht möglich, für unterschiedliche Nutzergruppen, Anwendungen, IT-Produkte, etc. individuelle Service-Level-Agreements zu etablieren.[31]

Das wäre vergleichbar mit einem Fixpreis für die Stromabrechnung unabhängig vom Stromverbrauch. Die Einführung von Service-Level-Agreements ist in der Praxis mitunter verknüpft mit einer verursachungsgerechten IT-Kosten- und Leistungsverrechnung. D.h. aber auch, dass IT-Organisationen, die sich noch im Stadium eines Cost Centers befinden, eine Einführung von Service-Level-Agreements an

---

[31] www.idc.de

der Schnittstelle zwischen IT und den Geschäftsbereichen nutzen können. Somit kann die Organisation von einer Gemeinkostenverrechnung zu einer anderen verursachungsgerechten Verrechnungsform kommen und damit von einem Cost Center zu einem Shared Service Center migrieren.

Die Einführung von Service-Levels zwischen IT-Shared Service Centern und den Geschäftsbereichen verfolgen folgende Ziele:

- Bessere Positionierung (Imageverbesserung) der IT im Unternehmen

- Die IT ist nicht mehr allein Bereitsteller von Software und Hardware

- Einleiten eines Kulturwechsels in der IT, d.h. die IT-Shared Service Center sollen ihre Anwender als Kunden verstehen, die Kunden sollen die IT als serviceorientierten Dienstleister wahrnehmen und zudem muss das Shared Service Center seine Leistungen innerhalb des Unternehmens verkaufen.

- Aufbau von Service-Level-Management-Prozessen und Einführung einer Servicekultur

- Mittelfristig die Schwerpunkte und tatsächlichen Bedürfnisse besser in den Geschäftsbereichen identifizieren

- Der Kunde des Shared Service Centers soll zum Empfänger und Mitgestalter von IT-Services werden

- Aufbau von Zielvereinbarungssystemen in denen Service-Levels mit integriert werden

Damit wird oftmals die Zielsetzung verfolgt, die IT-Shared Service Center besser im Unternehmen zu positionieren. Das IT-Shared Service Center soll als Serviceprovider etabliert werden. Das IT-Shared Service Center ist nicht mehr Betreiber und Bereitsteller von Software und Hardware, sondern bietet ihren „Kunden" einen Service.

Die Produkte und Dienstleistungen des IT-Shared Service Center müssen bei ihren Kunden verkauft werden. Das IT-Shared Service Center erhält nach erfolgreicher Konzeption und Umsetzung damit eine höhere Wertigkeit aus der Sicht ihrer Kunden und der IT-Anwender fühlt sich als Kunde, nicht nur als bloßer Leistungsempfänger.

Service-Level-Agreements sind des Weiteren ein wichtiger Ausgangspunkt für zukünftige Planungen. Zudem veranschaulichen Service-Level-Agreements den Bedarf für Änderungen in den Personalkapazitäten, Systemressourcen und sonstigen Ressourcen.

Beispiel eine Service-Level-Agreements im Application Management Bereich:

Service-Level	Beispiel
Servicezeit	7-18 Uhr, Montag bis Freitag
Problemreaktionszeit	Prio 1: sofort Prio 2: innerhalb von 2 Stunden
Problemlösungszeit	Prio 1: Lösung innerhalb von 4 Stunden im übrigen Weitergabe an den Hersteller
Internationalität	Service der Landessprache

Abbildung 18: Service-Level-Agreement (eigene Darstellung)

- *Servicezeit:* Im Gegensatz zum technischen Service ist in der Applikation ein 24-Stunden-Service in der Regel nicht erforderlich. In der Praxis gibt es Beispiele, die zeigen, dass ein internationaler Service auch mit einer Servicezeit von 7 bis 20 Stunden MEZ abgebildet werden kann.

- *Problemreaktionszeit:* Die Reaktionszeit gibt an, wie schnell eine Problemmeldung von dem Status „angelegt" in den Status „Bearbeitung" gesetzt wird.

- *Problemlösungszeit:* Ein Problem wird vom Dienstleister innerhalb dieser Zeit bearbeitet.

- *Internationaliät:* Anders als beim technischen Service ist innerhalb der Applikation der Service in Landessprache sehr wichtig.

6.5 Business Case für Shared Service Center

Nachdem die Strategie sowie die Prozessdefinitionen geklärt wurden, werden diese verifiziert.

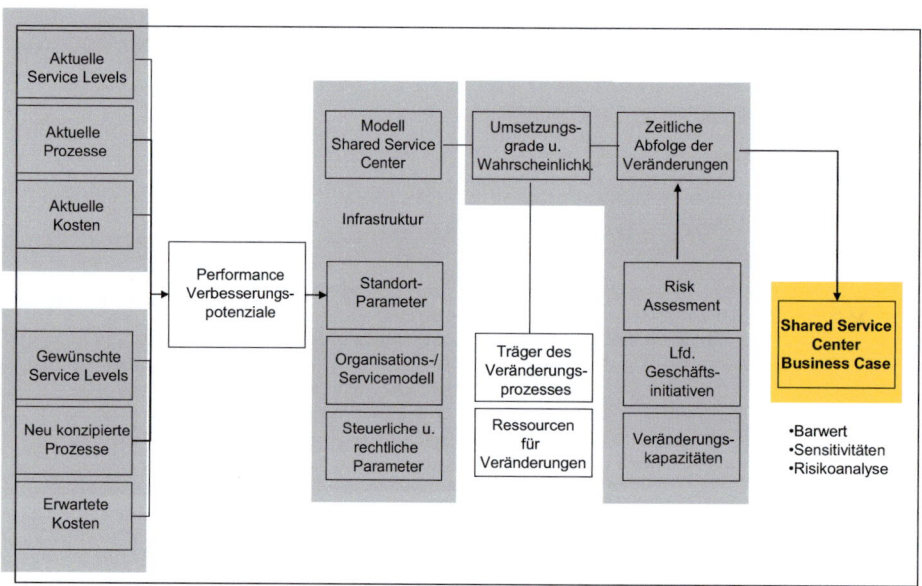

Abbildung 19: Business Case Modell für Shared Service Center (www.controller-forum.de)

Die Abbildung 19: Business Case Modell für Shared Service Center zeigt ein entsprechendes Modell. Entscheidend dabei ist, dass Klarheit und Transparenz über die eigene Ist-Situation bestehen muss. Die Ergebnisse der Ist-Analyse müssen eine Übersicht über die laufenden Prozesse, eine Darstellung der mit diesen verbundenen Service Levels und eine Dokumentation der damit verbundenen Ist-Kosten umfassen. In diesem Kontext genügt es nicht, dass Prozesse pauschal genannt und grobe Kostenschätzungen dazu eingereicht werden. Es geht um detaillierte Prozessablaufbeschreibungen und assoziierte Kostenkalkulationen, die es ermöglichen, die Kosten von Prozessen so exakt wie möglich zuzuordnen und zu berechnen. Dabei sind die größten Posten die Personalkosten, IT-Software, IT-Hardware, Raumkosten, Unternehmensexterne Dienstleistungen (Beratung) und Gemeinkosten. Soweit möglich, sollte das Unternehmen Rohdaten anstelle von innerbetrieblichen Verrechnungssätzen verwenden. Auf diese Weise erhält man die realistischen Ist-Kostenpositionen, da Verrechnungspreise oftmals nicht die betriebliche Situation abbilden sondern auch bilanzpolitischen Zwecken dienen.[32]

Aus der so geschaffenen Datenbasis wird in einem nächsten Schritt ein Szenario für einen aus den Vorstellungen der Strategie abgeleiteten Soll-Zustand ermittelt. Dieser Soll-Zustand basiert auf Annahmen bezüglich der im Hinblick auf die Ist-Prozesse realisierbaren Prozessoptimierungen, der gewünschten Service-Level-Standards sowie der damit verbundenen erwarteten Kosten der Leistungserstellung. Im Rahmen einer Gegenüberstellung von Ist- und Sollzustand wird dann eine Gap-Analyse durchgeführt, die deutlich macht, wie weit Realität und Zukunftsszenario auseinander liegen. Die daraus abzuleitenden Verbesserungspotenziale werden analysiert und aufgesplittet in unterschiedliche Kategorien. Grundsätzliche Katergorien sind die zukünftigen Shared-Service-Center-Infrastruktur bezüglich der IT und Prozesse, das dazugehörige Organisations- und Servicemodell, die Standortrahmenbedingungen für die zur Verfügung stehende Lokation sowie steuerliche und rechtliche Implikationen.

Im nächsten Schritt sind die zur Hebung der Verbesserungspotenziale notwendigen Investitionskosten zu präzisieren. Hier geht es nicht um die reinen operativen Prozesskosten, die sich aus der definierten Sollstruktur ergeben, sondern um die Kosten die anzuwenden sind, um das neue Geschäftsmodell in Gang zu setzen. Hierzu zählen zum Beispiel die Investitionskosten für das Aufsetzen eines SSC's, welches die mentalen und motivationalen Voraussetzungen für die grundsätzliche Bereitschaft bei den be-

---

[32] www.controller-forum.com

troffenen Personen schafft, sich den Herausforderungen der neuen Struktur zu stellen und aktiv an deren erfolgreicher Umsetzung mitzuarbeiten.

Daneben sind die im Sollzustand bemessenen Effizienzgewinne zusätzlich mit Realisierungsgrad und –wahrscheinlichkeiten zu gewichten. Dies geschieht auch im Hinblick auf die Schnittstellen. Dem folgt ein detailliertes Risk Assesment zu dem mit dem Shared Service Center verbundenen Veränderungen und Umstellungen. Abschließend werden alle Faktoren in ein Rechenmodell überführt, an dessen Ende die Vorteilhaftigkeit des Vorhabens monetär bewertet wird.

6.6   Prozesskostenrechnung (PKR) für das Shared Service Center

Ein SSC soll als eigenständige Geschäftseinheit agieren, wettbewerbsfähige Dienstleistungen anbieten, ständige Wirtschaftlichkeitskontrollen durchführen, Benchmarking-Systeme anwenden sowie nur auf Nachfrage eines Kunden aktiv werden, der dann die real angefallenen Kosten des in Anspruch genommenen Services an die Zentralstelle bezahlt. Bei der praktischen Umsetzung dieser Vorgaben kommt nun die Prozesskostenrechnung als Kostenrechnungsverfahren zum Einsatz.

Die konzeptionellen Grundlagen der Prozesskostenrechnung sind auf eine prozessorientierte Verrechnung der Gemeinkosten aller indirekten Dienstleistungsbereiche ausgerichtet. Da die Einsetzbarkeit der PKR jedoch auf repitive Prozesse beschränkt ist, bedarf es bei der Prüfung über die Eignung zur Anwendung im administrativen Bereich einer differenzierten Prozessbetrachtung. Ein Prozess kann dabei als Menge logisch und zeitlich verbundener Aktivität oder Funktionen, die zusammen ein bestimmtes Prozessergebnis (Dienstleistung, Wirtschaftsgut) erzeugen, bezeichnet werden. Eine Zurechnung der Kosten auf einen Prozess in indirekten Bereichen kann jedoch nur erfolgen, wenn zwischen leistungsmengeninduzierten und leistungsmengenneutralen Kosten differenziert wird. Die Leistungsmenge stellt dabei den Output eines Prozesses dar. Unterscheidet man nun bei der Ermittlung sich wiederholender Vorgänge zwischen denen mit hoher und geringer Wiederholungsfrequenz, lassen sich auch in administrativen Zentralstellen genügend leistungsmengeninduzierten Prozesse ermitteln, wodurch der Einsatz der PKR möglich und sinnvoll wird. Da Shared Service Center durch die häufige Wiederholung gleichartiger Prozesse gekennzeichnet sind, bildet die PKR ein praktikables Kostenrechnungsverfahren in diesem Konzept.

Im Vordergrund eines Shared Service Center steht die kundenorientierte Leistung. Bei der Erreichung dieses Grundsatzes setzt das Prozessmanagement an. Prozessanalysen helfen im Rahmen der Ablauforganisation, Wertschöpfungsketten zu erkennen. Sie tragen zu einem besseren Verständnis der Wirkungszusammenhänge von Aktivitäten bei und verdeutlichen, ob es für Prozesse interne oder externe Kunden gibt. Kann nicht direkt ein Kunde zugeordnet werden, ist dies bereits ein erster Hinweis für einen nicht wertschöpfenden Prozess, den es neu zu gestalten oder zu eliminieren gilt.

Anstatt herkömmlicher Kostenrechnungssysteme zu gebrauchen, bei denen ein Großteil der Kosten in indirekten Bereichen als Gemeinkosten ausgewiesen wird, ist es in einem Shared Service Center sinnvoller eine prozessorientierte Vorgehensweise zu verwenden. Erst bei dieser ist es möglich aussagekräftige Informationen zu erhalten, indem kostenveranlassende Einflussgrößen erkannt und die tatsächliche Inanspruchnahme in einer Zentralstelle bei Ausführung einer Dienstleistung ausgemacht wird. So entstandene Kosten können dann verursachungsgerecht auf den Abnehmer eines Services zugerechnet werden.

An die erfolgreiche Verwendung dieses Systems, der Belastung des internen Abnehmers mit den Kosten, der in Anspruch genommenen Produkte und Leistungen, sind jedoch einige Anforderungen geknüpft. Dem Abnehmer sollte die Möglichkeit gegeben werden, den ‚Preis' der Leistung nachzuvollziehen und verstehen zu können. Des Weiteren ist die Entwicklung von Maßeinheiten zur ständigen Überwachung der Effizienz und Effektivität in einem SSC angebracht. Die Trennung wertschaffender und wertvernichtender Aktivitäten, aufgrund der PKR möglich geworden, zeigt Kernkompetenzen einer Zentralstelle auf und kann zur Verbesserung und Optimierung von Geschäftsprozessen beitragen. Rationalisierungspotentiale und bestehender Handlungsbedarf werden so konsequent aufgedeckt.[33]

Mit Hilfe der PKR können also Stückkosten für jede geleistete Einheit im Shared Service Center ermittelt werden. Dies eröffnet den Rahmen für ein Benchmarking- System. Daraus ergibt sich das Potential zur Festsetzung von Zielen (target costing) und die Erhöhung der Wettbewerbsfähigkeit, um mit externen und internen Anbietern konkurrieren zu können.

Festgehalten werden kann, dass die Erhöhung der Kostentransparenz in den indirekten Bereichen mit den Methoden der PKR wohl erreicht werden kann. Die Anwendung bietet im Vergleich zu herkömmlichen, traditionellen Vollkostenrechnungen einen deutlichen Informationsgewinn, da ein beträchtlicher Teil des Gemeinkostenblocks als beeinflussbar erkannt wird.

7 Motive, Chancen und Risikoaspekte beim Aufbau von Shared Service Centern

7.1 Motive und Chancen

Aufgrund der Auswirkungen einer zunehmend prozessorientierten Organisation der Unternehmen und der Entstehung von unternehmensübergreifenden Wertschöpfungsketten, ist es für viele Unternehmen unabdingbar geworden, nicht nur ihre Kunden, sondern auch alle weiteren, am Wertschöpfungsprozess beteiligten Geschäftspartner, durch eine reibungslos funktionierende Kommunikation, Koordination und Zusammenarbeit in den Leistungserstellungsprozess zu integrieren.

Dabei erwarten die betroffenen Unternehmen, insbesondere von einem IT-Service-Provider, ein an ihre veränderten Belange angepasstes Service-Portfolio. Das Shared Service Center übernimmt nicht mehr nur die operative Kontrolle über die Funktionsfähigkeit und Verfügbarkeit der IT-

---

[33] www.controller-forum.com

Systeme sondern teilweise auch die Verantwortung für die Funktionsfähigkeit ganzer wertschöpfender Geschäftsprozesse.

Unter diesem Gesichtspunkt einer immer weiter zunehmenden, funktions- und wertschöpfungsorientierten Outsourcing-Tendenz, spielen IT-Standards und Service-Standardisierungen sowie eine funktionale Gestaltung von Service-Level-Agreements eine tragende Rolle in der bilateralen IT-Partnerschaft zwischen Kunde und Dienstleister. Was die IT-Standards und Service-Standardisierungen betrifft, wurde aufgezeigt, dass sich diese am Besten im Rahmen von ITIL Modellen realisieren lassen. Das Shared Service Center bietet dem Unternehmen verschiedene standardisierte Leistungskomponenten zu einzeln kalkulierten Preisen an, welche sich das Unternehmen dann, nach seiner eigenen Wahl, zu einem individuell benötigten, funktionalen IT-Service zusammensetzen kann.

Die weiteren Chancen in er Errichtung eines Shared Service Center liegen in:

- der Reduzierung der Komplexität und Reduzierung der Abläufe im Unternehmen

- der Qualitätssteigerung auf Grund des Prozess Know-hows

- der Verantwortlichkeit bei der Erstellung der Gesamtleistung

- in der Minimierung der Schnittstellen

- der Ressourceneinsparung

Der dabei entstehende Nutzen wird in folgenden Kapitel detailliert betrachtet.

7.2 Nutzenermittlung

Der Nutzen, der mit der Einführung eines Shared Service Centers einhergeht, ist vielfältig. Durch die Standardisierung von Prozessen und die klare Zuordnung von Verantwortlichkeiten werden transparentere Abläufe und Kostenstrukturen erzielt. Das führt zu mehr Flexibilität bei der Implementierung neuer Prozesse oder Systeme und bei Investitionen bzw. Deinvestitionen. Es lassen sich teilweise erhebliche Kostenersparnisse durch Skalenef-fekte sowie die Nutzung von Standortvorteilen realisieren. „Sobald sich die neuen Abläufe stabilisiert haben, realisieren wir Ersparnisse von durch-schnittlich 20 bis 35 Prozent", hat KPMG-Partner Pampel errechnet.[34]

Neben den in Kapitel 3 bereits angesprochenen Wirtschaftlichkeitspotenzia-len ergeben sich weitere Nutzeneffekte. Durch die Zusammenlegung und Bündelung einer Funktion, die in der Unternehmung mehrfach zu finden ist, kommt es zur Entlastung der Leistungsinstanzen auf allen Ebenen. Die Ge-schäftseinheiten können sich dann auf ihre Kernkompetenzen und operati-ven Aufgaben konzentrieren, werden entlastet und erreichen höhere Effi-zienz. Stabsstellen benötigen gut ausgebildetes Fachpersonal, welches in einem Shared Service Center zusammengefasst werden kann. Dadurch ergibt sich eine höhere Auslastung und bessere Nutzbarmachung von die-sen kostenintensiven Spezialisten und Anlagen.

Durch die Konzentration von technischem Know-how in einem Shared Ser-vice Center und der zentralisierten Datenverarbeitung, besteht für die ge-samte Unternehmung die Gelegenheit, eine tiefere, umfassende Wissens-basis aufzubauen. Aufgrund des Pooling von Spezialisten ergeben sich Er-fahrungskurveneffekte und ein höherer Grad an Professionalität. Shared Service Center erlauben es Firmen, Doppelungen in der Abwicklung von Transaktionen abzubauen. Die Zentralisierung und Zusammenlegung er-zeugen die Standardisierung von Prozessen, sowie eine Optimierung von Abläufen und Strukturen. Standardisierte Abläufe mit hohem Spezialisie-rungsgrad führen viel eher zu verbesserter Produktivität aufgrund der schnelleren Abwicklung von Tätigkeiten und wirksamerer Koordination von Aufgaben. Neue Technologien werden erheblich rascher eingeführt und die Unternehmung verfügt über ein einheitliches Berichtswesen. Als bedeutend anzusehen ist auch die Ausschöpfung interner Größenvorteile, die sich bei der Zentralisierung ergeben.

---

[34]Schläuchen, KPMG-Consulting AG

Weiterhin wird die verbesserte Qualität ein weiteres Nutzenpotential. Verbesserung der Qualität ist eine konsequente Suche nach besseren Wegen, die Wünsche der Kunden zu erfüllen und die Produktivität zu erhöhen. Flexibilität der Dienstleistungen sowie die Güte des Service unterliegen ständiger Überprüfung. Die hinter einem Shared Service Center stehende Philosophie fördert die Lieferung hochwertiger Produkte durch die Kombination führender Technologien und gut funktionierender Managementkonzeptionen.

7.3 Risikoaspekte

Die Fachwelt und Unternehmenspraxis steht diesem neuen Phänomen des Outsourcings und somit auch des Shared Service Center– Konzepts natürlich nicht vorbehaltlos und ohne Kritik gegenüber. Einige Problemfelder, die sich ergeben könnten und die man in der Literatur diskutiert, sollen im Folgenden angesprochen werden.

Der Wechsel zu zentral lokalisierten, unabhängig operierenden Shared Service Centern erzeugt natürlich auch Widerstände und Ängste in der Unternehmung. Häufig entstehen bei der Idee zum Aufbau von Shared Service Centern Spannungen in der gesamten Organisation, die auf die Gegenwehr von Leitern und Finanzchefs in lokalen Geschäftseinheiten zurückzuführen sind. Diese fühlen sich in ihrem eigenen Verantwortungsbereich beschnitten. Oftmals bestehen Bestrebungen, Kontrolle über die eigentlichen Kernkompetenzen hinaus auszuüben, was sich in der Bildung lokaler Stabsstellen äußert.

Doch nicht nur in den höheren Führungsebenen, sondern auch unter den Beschäftigten und Mitarbeitern entstehen Ängste, die den Verlust Ihres Arbeitsplatzes betreffen. Aufgrund der Realisierungsmaßnahmen und der Konzentration auf wenige Standorte, bedarf es weniger Personals. Weiterhin existiert die Besorgnis in einem realen Wettbewerbsumfeld, unfähig zu sein, mit externen Anbietern konkurrieren zu können und nach einer gewissen Zeit ausgelagert zu werden (Offshoring).

Bei der Bildung von Shared Service Centern ist es nicht in allen Fällen möglich, alle lokalen Einheiten abzubauen. Bei international agierenden Unternehmen zum Beispiel müssen weiterhin lokale Gegebenheiten beachtet werden, wie Zeitdifferenzen, Sprachunterschiede und variierende Rechtsvorschriften. Somit ist trotz der Globalisierung und Anpassung der Kulturräume, nicht pauschal zu befürworten, dass es eine Beschränkung auf einen globalen Anbieter gibt. Möglich wird außerdem ein erhöhter Koordinationsbedarf durch wachsende Distanz zwischen Abnehmer- und Service-Provider. Als weitere Risiken können der zunehmende kostenträchtige Spezialisierungsbedarf, die Gefahr der Kompetenzstreitigkeiten aufgrund von Doppelzuständigkeiten durch Weisungsbefugnisse der Servicestellen sowie das übermäßige Ressort-Denken mit der ungenügenden Berücksichtigung der Linie angeführt werden.

Ein weiteres Risiko von Shared Service Centern sind die „politischen" Einflüsse, durch welche häufig Kompromisse eingegangen werden.[35]

Zur Standortwahl meint Shared Service Experte Gerd Schwarz: „Das wichtigste Kriterium für die Standortwahl ist die Nähe zu bereits bestehenden Unternehmensstandorten. Gerade kleinere Unternehmen wagen nicht gleich den großen Schritt in die Niedriglohnländer. Bedeutend sind auch das Angebot von qualifizierten Arbeitskräften sowie die Nähe zu den Leistungsempfangenden Bereichen. Sehr häufig werden Standortentscheidungen jedoch nicht systematisch, sondern einfach auch aus dem Bauch heraus getroffen."[36]

---

[35] *Wullenkord,* Business Process Outsourcing, S.39 ff.
[36] www.controller-forum.com

8 Lünendonk Studie Einkauf von IT-Beratung und -Dienstleistungen

Den Trend im Bereich des IT-Outsourcings zeigt sehr deutlich die Auswertung der Lünendonk-Studie. In dieser Studie aus dem Jahr 2006 über den Einkauf von IT-Beratung und IT-Dienstleistungen haben 34 Interviewpartner aus 28 deutschen Unternehmen teilgenommen (davon 11 DAX-30-Unternehmen). Der Umfang des mehr als 60 Fragen umfassenden Fragebogens sowie die Qualität der Gespräche tragen dazu bei, dass neben dem Status quo auch Trends und Meinungen über den Markt für IT-Beratung und IT-Dienstleistungen in die Studie mit eingeflossen sind.

Die IT der befragten Unternehmens ist sehr unterschiedlich aufgestellt:

- IT ist interne Organisation   53,6%
- IT-Tochter ist captiv ausgerichtet   7,1%
- IT-Tochter ist auch am Drittmarkt aktiv   14,3%
- selbst IT-Tochter auch am Drittmarkt aktiv   3,6%
- selbst IT-Tochter captiv ausgerichtet   7,1%

In der Definition der IT-Dienstleistungen wurden im Rahmen der Studie Services verstanden, die durch eine dauerhafte Leistungserbringung gekennzeichnet sind. Das Leistungsspektrum umfasst Rechenzentrumbetrieb, Desktop Services, Infrastruktur-Management, Application Management oder andere Managed Services. Die Ausprägungen von IT-Dienstleistungen umfassen Outtasking, Outsourcing und Business Process Outsourcing.

Wie einleitend erwähnt bildet der Markt für IT-Beratung und IT-Dienstleistung einen Milliarden Euro Markt in Deutschland. Nach Angaben des Bitkom beliefen sich die Ausgaben für IT-Beratung und Systemintegration im Jahr 2005 auf 14,3 Milliarden Euro. Das Marktvolumen für Operation Management wird mit 5,2 Milliarden Euro beziffert. Insgesamt verteilen sich die Ausgaben der Unternehmen innerhalb der entsprechenden Größen sehr gleichmäßig über den Erhebungszeitraum. Mehr als die Hälfte der Unternehmen geben ab 2005 pro Jahr bis zu 49 Mio. € für IT-Beratung und IT-

Dienstleistungen aus. Die meisten Bewegungen finden an der Schwelle von mehr als 50 Millionen € Ausgaben und an der Grenze von mehr als 100 bis 249 Mio. € pro Jahr statt. Die Gruppe der Unternehmen, die mehr als 250 Mio. € pro Jahr investieren, ist mit konstant über 21 Prozent der Unternehmen dagegen wieder sehr konstant. Veränderungen ergeben sich dadurch, dass nicht alle Unternehmen bereits konkrete Angaben zu den Budgets für 2006 und 2007 machen konnten.

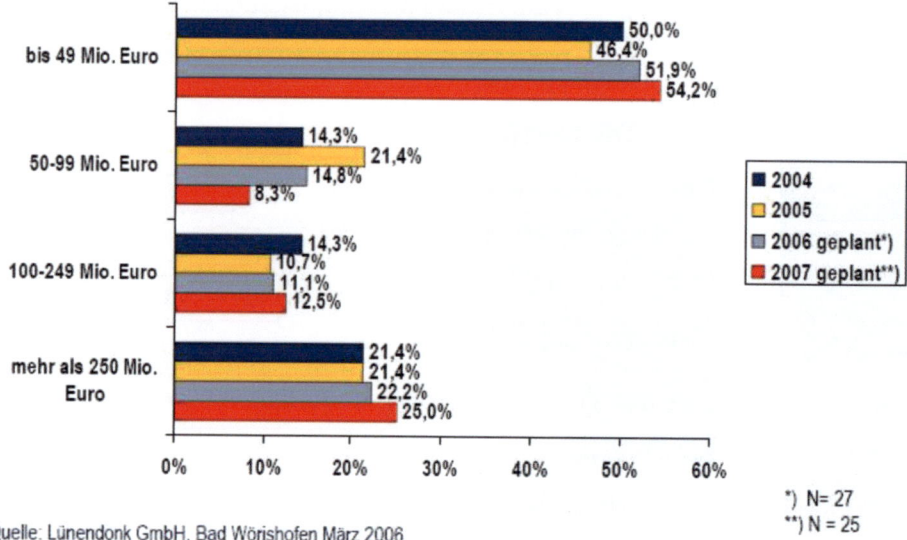

Abbildung 20: Ausgaben für IT-Beratung (Quelle: Lünendonk Studie)

Insgesamt repräsentieren die Unternehmen Ausgaben für IT-Beratung und IT-Dienstleistungen von mehr als 4,1 Milliarden € pro Jahr. Die Ausgaben der Unternehmen verteilen sich sehr gleichmäßig auf die Bereiche IT-Beratung (49 Prozent) und IT-Dienstleistungen (51 Prozent). Die Schwankungsbreite, wie sich die Ausgaben bei den einzelnen Unternehmen auf die beiden Bereiche IT-Beratung und IT-Dienstleistungen verteilen, ist groß. Der Maximalwert für den Anteil von IT-Beratung liegt bei 99 Prozent, die Höchstgrenze für IT-Dienstleistungen liegt bei 90 Prozent. Diese heterogene Verteilung spiegelt auch die zum Teil sehr unterschiedlichen Strategien der Unternehmen in Bezug auf die Verlagerung von Aufgaben an externe Dienstleister wider.

Auf die Frage in welchen Bereichen die befragten Unternehmen Aufgaben verlagern wurden die Kategorien der folgenden Bereiche abgefragt wie Anwendungsentwicklung, Application Management, Desktop Services, Infrastruktur Management, User Helpdesk/IT Service Management, Human Resources, Finance Accounting. Die Möglichkeiten in der Zusammenarbeit sind dabei vielfältig. So werden IT-Beratungs- und Systemintegrationsprojekte teilweise vor Ort oder beim Beratungspartner erbracht, aber auch zunehmend in anderen Ländern im Rahmen von Nearshore-oder Offshore-Projekten. Gleiches gilt auch für IT-Dienstleistungen, beispielsweise das Teilauslagern von Aufgaben wie Managed Services, die ebenfalls vor Ort oder remote erbracht werden.

Klassisches Outsourcing findet sich am häufigsten in sehr stark standardisierten Themen. An erster Stelle steht dabei mit 42 Prozent Desktop Services, gefolgt vom User Helpdesk/IT Service Management mit 32,1 Prozent Das Verlagern von Geschäftsprozesse (Business Process Outsourcing) gehört zwar zu den starken Wachstumsthemen im Outsourcing-Markt, jedoch ist die Basis in Deutschland noch überschaubar.

Es ist zu erwarten, dass sich in den nächsten Jahren vermehrt „Best-Practices" entwickeln, die anhand von Kriterienkatalogen die optimale Balance zwischen Nearshore-/Offshore-Ressourcen und lokalen Projektteams darstellen und auf diese Weise das relative Projektrisiko minimieren helfen. Anhand solcher Best-Practices lässt sich dann auch relativ leicht sagen, ob die reduzierten Tagessätze in den Niedriglohnländern den zusätzlichen Aufwand rechtfertigen oder nicht. Anbieter, die hier über einen hohen Erfahrungsschatz verfügen, wie im vorgestellten Fall IT-Shared Service Centern können diese als Alleinstellungsmerkmale für ihre Positionierung nutzen. Das ist insofern von Bedeutung, als Alleinstellungsmerkmale von den Befragten als wichtiges Kriterium genannt wurden, um wahrgenommen zu werden und über erfolgreichen IT-Service zu einem der bevorzugten Partner zu werden. Zum bevorzugten Partner werden externe Anbieter meist über Preferred-Partner-Listen. Bei 7 der 20 Unternehmen, die über eine Preferred-Partner-Liste verfügen, ist diese Liste überwiegend evolutionär auf der Basis der geschäftlichen Zusammenarbeit entstanden. Die IT-Beratungs- und IT-Dienstleistungs-Unternehmen stehen somit teilweise auch im Wettbewerb mit den IT-Töchtern der befragten Unternehmen. Insgesamt betrachtet genießen die IT-Töchter der befragten Unternehmen innerhalb der bevorzugten Partner oft einen gewissen „Heimvorteil", was wiederum für die Errichtung eines Shared Service Centers spricht.[37]

9 Analyse

Die Einführung integrierter Systeme zu Beginn der 90er Jahre erforderte einheitliche Prozesse. Outsourcing – die Vergabe bestimmter Funktionen an externe Dienstleister – sollte Abhilfe schaffen. Das Ziel ist, mehr Effizienz und Qualität durch Konzentration des Unternehmens auf die Kernprozesse, zugleich aber Nutzung von Skaleneffekten und bessere Performance durch Spezialisierung. Doch auch beim Outsourcing zeigten sich Nachteile und Risiken. So scheute man die Abhängigkeit von Dritten im Umgang mit sensiblen Finanz-, Kunden- oder Personaldaten. Für die Auslagerung war ein hoher Aufwand nötig. Schnittstellen zum Outsourcingpartner mussten installiert, Prozesse vereinheitlicht werden. So wurden die Vorteile der Flexibilität hinsichtlich der Skalierbarkeit von Prozessvolumina durch hohe Kosten bei der Anpassung von Prozessabläufen kompensiert. Outsourcing bedeutete mitunter Abbau von Stellen und damit Widerstand im eigenen Unternehmen. Heute denkt man zuerst an Shared Service Center, wenn es um Verbesserungspotenziale in den indirekten Leistungsbereichen geht. Dieses Organisationsmodell zielt darauf ab, die jeweiligen Vorteile von Zentralisierung und Dezentralisierung zu verbinden und ihre Nachteile und Risiken zu vermeiden. Das Modell wird von immer mehr Konzernen übernommen.

---

[37] *Lünendonkstudie, 2006*

Shared Service Center, als selbstständige Organisationseinheiten, die für mehrere Standorte oder Konzerngesellschaften bestimmte Aufgaben übernehmen, lassen es zu, Prozesse im Unternehmen zu halten und doch konzentriert an einem oder mehreren Standorten aufzutreten. Den Trend zum Shared Service Center kann man in Europa seit etwa fünf Jahren beobachten, in den USA bereits seit 10 Jahren[38]

Zu einem erfolgreichem Aufbau eines Shares Service Centers gehört ein Management welches auf der Grundlage einer umfassenden Beurteilung der Chancen und Risiken seine Gestaltungsspielräume nutzt. Dabei kann die Idee des Shared Service Centers nur funktionieren wenn beide Seiten, Leistungsempfänger und Leistungserbringer, zufrieden sind. Der Kunde sollte sich auf einem permanenten Balanceakt zwischen den eigenen Ansprüchen und den Gewinnzielen der Shared Service Centers einstellen. Um in diesem Spannungsfeld ein ausgewogenes Verhältnis zu pflegen, müssen sich vor allem die Mitarbeiter umorientieren.[39] Die angesteuerte Kundenorientierung trägt auch zu einer veränderten Einstellung der Mitarbeiter bei. Durch die Bildung von Shared Service Centern erleben sich Mitarbeiter nicht mehr als bloße Kostenträger für das Unternehmen. Vielmehr sehen sie sich als Leistungserbringer eines Kerngeschäftes mit neuen Perspektiven, strategisch und unternehmerisch tätig zu werden. Dies trägt zu einer Erhöhung der Mitarbeitermotivation in Supportbereichen bei.[40]

Eine generelle Befürwortung für einen Shared Service Center kann nicht gegeben werden. Die Gründe für den Aufbau eines Shared Service Centers müssen sorgfältig durchdacht und abgewogen werden. Die Tendenz zeigt jedoch, das die Auslagerung von IT-Prozessen und somit die Konzentration auf die Kernkompetenzen immer mehr durch den Aufbau von IT-Shared Service Centern gelöst wird. Verbesserungspotenziale und sich somit ergebende Best Practises ergeben sich durch regelmäßiges Benchmarking.

---

[38] *Wißkirchen, F.:* Das Shared Service Center Konzept – alter Wein in neuen Schläuchen?
[39] Computerwoche Nr. 32 vom 08.08.2003
[40] www.4managers.de

IV. Literaturverzeichnis

Benn, I.; Pearcy, J.: Strategic Outsourcing, London, 2002

Computerwoche vom 08.08.2003

Dittrich, J; Braun, M.: Business Process Outsourcing, Stuttgart, 2004

Dole, R.D.; Switser, J.G.: Business Process Outsourcing, New York, 1998

Gartner, Inc. and/or its Affiliates. Publication Date: 10 August 2006/ID Number: G00141122

Horchler, Hartmut): Die digitale Wertschöpfungskette beeinflusst den IT-Betrieb nachhaltig, in: Wirtschaftspraxis – Verwaltungspraxis – Wirtschaftswissenschaften», Nr. 1/ 2002, Kassel.

Kagelmann, U.: Shared Services als alternative Organisationsform, Wiesbaden, 2001

Lewandowski, Winfried/Mann, Hartmut: Service Level Management in der IT, Hrsg. Bernhard, G.: Lewandowski, W.; Mann, H.

Lünendonkstudie, Einkauf von IT-Beratung und IT-Leistungen, 2006

Macfarlane, Ivor/Rudd, Colin: IT Service Management nach ITIL (IT INfrastructure Library, Version 2 Großbritannien, 2001

Mayer, A.G.; Söbbing, T.: Outsourcing leichtgemacht, Frankfurt und Wien, 2004

Oracle Corporation (2001): An Oracle White Paper – Consolidate Business Operations Through Shared Service Centers

Österle, Hubert: Business Engineering: Prozess- und Systementwicklung, 2. Aufl., St. Gallen 1995

Schulze, Robert: IT Service Management, Eine Einführung, Frankfurt 2002

Söbbing, T.: Handbuch IT-Outsourcing, Heidelberg, 2005

Wißkirchen, F.: Das Shared Service Center Konzept – alter Wein in neuen *Schläuchen,* KPMG Consulting AG, 2004

Wullenkord, Axel; Business Process Outsourcing, München, 2005

V. Anlagen

1. http://www.ecg-consulting.com/veroeffentlichungen.htm vom 24.08.2006
2. http://www.bearingpoint.de/content/solutions/index_1325.htm vom 22.09.2006
3. http://www.4managers.de vom 22.09.2006
4. http://www.controller-forum.com vom 22.09.2006b
5. http://www.idc.de vom 31.10.2006